몽테뉴, 사유의 힘

임재성 지음

몽테뉴,

사유의 힘

필름

프롤로그

흔들림 속에서도 나를 지키는 힘, 사유

누구나 좋은 삶을 꿈꾼다. 하지만 현실은 기대와 어긋나기 일쑤다. 마음을 다잡으려 해도 예상치 못한 감정과 사건이 균형을 무너뜨리고, 사소한 말 한마디에도 쉽게 상처받는다. 빠르게 변하는 세상은 끊임없이 우리를 재촉하지만, 그 속도를 따라잡기엔 생각과 마음이 자주 지쳐버린다.

그럴수록 우리는 묻게 된다. '나는 왜 이렇게 자주 흔들릴까?', '지금 내가 걷는 이 길이 정말 나다운 걸까?', '어떻게 해야 더 나은 삶을 살아갈 수 있을까?' 넘치는 조언과 정보 속에서 정작 나를 이해하고 삶을 깊이 들여다보는 일은 오히려 더 어려워진다.

이럴 때 필요한 건 더 빠른 확신이 아니라, 잠시 멈춰 자신을 바라보는 사유의 힘이다. 내면을 비추는 사유가 있어야 삶의 균형을 되찾고, 흔들림의 이유도 이해할 수 있다. 그래서 지금, 우리에게는 몽테뉴의 사유가 절실하다.

몽테뉴는 누구인가?

몽테뉴는 거대한 철학 체계나 완성된 이론을 내세우지 않는다. 그는 매일의 삶을 성찰하며 자신에게 떠오른 질문들을 글로 붙잡고, 흔들리는 마음을 사유로 다스리며 살아간 사람이다.

그는 귀족 가문 출신으로 특별한 교육을 받았고, 젊은 나이에 법관이 되어 안정적인 삶을 살았다. 하지만 그의 인생은 결코 평온하지 않았다. 친구 라 보에시의 죽음, 가족의 연이은 상실, 결석증으로 인한 평생의 통증, 전염병인 페스트의 공포, 종교 전쟁과 사회적 폭력 앞에서 그는 깊은 상실과 허무를 경험했다.

그럼에도 불구하고 몽테뉴는 그런 고통 속에서도 무너지지 않았다. 그는 아픔을 외면하거나 억누르지 않고 있는 그대로 마주하고 사유했다. 감정을 숨기기보다 드러내며 삶의 균형을 되찾기 위해 글을 쓰고 자신을 정리해 나갔다.

서른여덟의 나이에 법관직을 떠난 그는, 자신만의 서재를 몽테뉴 성안에 마련한다. 바깥세상과 거리를 두고 책과 함께 고요히 머물며 삶을 돌아보기 위해서였다. 그 서재의 벽과 기둥에는 삶의 중심을 붙잡아줄 54개의 라틴어 경구가 새겨져 있었고, 오직 하나의 프랑스어 문장이 자리했다.

"Que sçay-je? – 나는 무엇을 아는가?"

이 질문은 그의 서재를 지탱하는 말이자, 그의 글과 사유 전체를 이끄는 중심이었다. 쉽게 단정하거나 속단하지 않고, 끊임없이 자신에게 되묻는 태도. 그것이 바로 몽테뉴 사유의 출발점이었다.

몽테뉴는 자신을 지키기 위해 공간을 만들었고 그 공간에서 말의 질서를 세우며 자신을 단련했다. 세상의 속도에서 물러나 사유와 침묵, 독서와 기록으로 시간을 채우며 외부의 소음을 가라앉히고 내면의 목소리에 귀 기울였다. 그의 사유는 누군가를 설득하기 위한 철학이 아니라 자신을 지키고 삶을 다잡기 위한 내면의 기술이었다.

그렇게 탄생한 책이 《에세^{Essais}》다. '시험해 보다', '시도하다'라는 뜻을 지닌 이 책은 한 인간이 자기 자신을 실험하고 정리한 사유의 기록이다. 몽테뉴는 그 안에 자신의 불안과 흔들림, 회의와 모순까지도 숨김없이 드러냈다. 그런 솔직함이 있었기에 그 글은 시대를 넘어 인간의 본질에 닿는 울림을 지닌다.

지금 우리에게 몽테뉴가 다시 읽히는 이유도 바로 여기에 있다. 불완전한 자신을 감추지 않고 마주할 수 있는 용기, 그 용기를 키워주는 것이 사유의 힘이라는 사실을 그는 삶으로 증명해 냈다. 흔들리는 시대에 중심을 잡고자 한다면, 자기 자신을 사유할 수 있어야 한다. 몽테뉴의 글은 그 질문을 시작하게 하는 거울이자 안내서다.

**왜 몽테뉴의 사유가
필요한가?**

오늘날 우리는 더 많은 정보를 접하고 더 빠르게 판단하며 살아간다. 그러나 그런 속도와 연결의 시대일수록 자기 자신과의 거리는 점점 멀어지고 있다. 삶은 편리해졌지만 자신을 깊이 이해하려는 시간은 줄어들고 있다. 겉으로는 능숙해 보일지 몰라도 내면의 중심은 잘 지키지 못한다.

바로 이 지점에서 몽테뉴의 글은 다시 울림을 준다. 그는 '더 나은 삶'보다 '나다운 삶'을 먼저 물었고 서둘러 정답을 찾기보다 삶의 질문을 깊이 곱씹는 태도를 택했다. 삶의 불완전함을 있는 그대로 껴안고 자신에게 천천히 다가가는 길을 터득하며 걸었다. 그것이야말로 지금 우리에게 가장 필요한 삶의 기술이다.

그래서인지 프랑스 작가 귀스타브 플로베르는 《에세》에 대해 이렇게 말했다.

> "《에세》는 재미를 찾는 아이처럼 읽지 마라. 야심에 찬 사람처럼 교훈을 얻으려 하지도 마라. 살기 위해서 읽어라."

《에세》는 오늘을 살기 위해 읽어야 하는 사유의 기록이다. 자신을 이해하려는 끈질긴 사유의 흔적이며 흔들림 속에서도 내면의 중심을 지켜내는 기술이다. 몽테뉴는 말한다. 삶을 지탱하는 힘은 화려한 논리나 완벽한 이론이 아니라 매일 자신에게 묻고 응답하는 '사유하는 습관'에 있다고 말이다.

이 책은 《에세》를 삶의 철학으로 새롭게 읽어내며 지금을 사는 독자들이 스스로에게 닿을 수 있도록 다섯 갈래의 사유로 안내한다.

1장은 사유의 출발점인 '존재'를 묻는다. 몽테뉴는 삶의 조건이 아니라 존재의 자각에서 시작한다. 그는 스스로를 비추는 거울이 되어, 불완전하고 흔들리는 자신을 있는 그대로 응시한다. '나는 누구인가', '나는 지금 여기에 어떻게 존재하는가'라는 질문을 통해 삶의 근본에 다가가려는 시도를 멈추지 않는다. 자기 존재를 깊이 이해하고, 그로부터 삶의 방향을 찾기 위함이다.

2장의 '내면을 지키는 사유'는 타인의 기준에 흔들리는 삶 속에서 스스로를 지켜내는 법을 다룬다. 몽테뉴는 외부의 시선에 휘둘리기보다 내면의 목소리에 귀 기울이며, 감정의 파도 속에서도 자신의 리듬을 지켜내려 했다. 그는 그런 힘이 내면의 사유에서 비롯된다는 것을 삶으로 보여준다.

3장 '사유의 본질에 대한 사유'는 우리가 자주 잊는 근본적인 질문으로 되돌아간다. '나는 무엇을 아는가?' 몽테뉴는 아는 척하지 않고, 의심을 멈추지 않으며, 앎의 본질을 끈질기게 되묻는다. 그는 진정한 앎이란 단정이 아닌 질문에서 시작된다는 사실을 통해 사유의 겸손과 용기를 일깨운다.

4장 '인식 전환의 사유'는 자신에게 길들여진 기질이나 고정된 태도를 해체하며 변화 앞에서 유연해지는 힘을 말한다. 마음의 방향을 바꾸면 세상은 전혀 다른 얼굴을 드러낸다. 몽테뉴는 고정된 인식에서 벗어나 더 넓은 가능성과 마주하는 길로 우리를 이끈다.

5장 '죽음의 사유'는 죽음을 삶의 끝이 아닌 삶을 더 분명히 비추는 거울로 받아들인다. 몽테뉴는 죽음을 곁에 두고 오늘을 바라보며 살아간다. 그는 '잘 죽는 법'을 묻기보다 '어떻게 살아야 잘 죽을 수 있는가'를 사유했다. 이 장은 죽음을 성찰함으로써 오히려 삶을 더 단단히 붙잡는 태도를 일깨운다.

그리고 각 장의 중간중간에는 '오늘의 사유' 항목을 마련했다. 이는 본문에서 다룬 사유를 자신의 삶에 비추어 스스로 묻고 글로 정리해 보도록 돕기 위한 구성이다. 단순히 답을 적는 것이 아니라 몽테뉴처럼 자신의 경험과 감정을 바탕으로 에세이 형식으로 풀어내길 권한다. 그렇게 자신의 언어로 삶을 되짚을 때 몽테뉴가 실천했던 사유의 힘을 비로소 자기 것으로 만들 수 있다.

우리를 단단하게 만드는 것은 누군가의 조언이나 정답이 아니라 스스로에게 던진 질문에 성실히 응답하려는 태도다. 내 삶의 이유를 묻고, 흔들림의 근원을 들여다보며, 오늘을 지탱하는 힘을 내 안에서 발견하려는 노력 말이다.

몽테뉴는 그 여정의 앞에서 이끌어가지 않는다. 옆에서 함께 걸으며 스스로 사유할 수 있도록 묵묵히 길을 비춰줄 뿐이다. 이 책은 몽테뉴와 함께 걷는 사유의 여정이며 독자가 자신만의 시선과 언어로 삶을 탐색하고 이해해 가는 내면의 여행이다.

이제 우리에게 필요한 것은 자기 안에 중심을 세우는 삶의 기술이다. 그 기술은 사유에서 시작된다. 이 책이 당신만의 사유를 시작할 수 있도록 길을 밝혀주는 한 권의 거울이 되기를 바란다.

차례

프롤로그 흔들림 속에서도 나를 지키는 힘, 사유   4

1장 존재를 묻는 순간부터 내 삶이 시작된다

무엇을 하기 전에 먼저 '존재'를 묻자   16
나는 오늘의 나만을 확신할 수 있다   23
나를 보는 법을 아는 사람은 길을 잃지 않는다   30
나는 언제나 변화하고, 혼합되고, 흔들린다   38
삶의 소음에서 한 걸음 물러나야 자신을 만날 수 있다   45
변하지 않으려는 마음이 나를 가둔다   52
내 욕망의 그림자엔 타인의 얼굴이 있다   59

2장 세상이 흔들려도 나는 나를 지킨다

통제할 수 없는 상황에도 나는 담담하게 맞선다   68
분노에 휘둘리지 않고 나를 지키는 법   75
나는 조용히 그러나 단단하게 감정을 다스린다   82
흔들림 속에서도 나를 지키는 반복의 힘   89
묵묵히 견디는 사람은 조용히 강해진다   96
세상이 흔들려도 나는 나의 의지를 붙든다   103
흔들릴 때마다 나는 글로 나를 붙든다   110

3장　생각이 멈추는 순간 삶은 방향을 잃는다

앎은 모른다는 자각에서 시작된다　　　　　　　　　　120
단정은 사유를 멈추게 한다　　　　　　　　　　　　127
서재, 나를 가다듬는 사유의 방　　　　　　　　　　133
나는 오래된 책에서 삶을 배운다　　　　　　　　　140
대화는 나를 확장하는 사유의 연습이다　　　　　　147
낯선 세계를 마주할 때 사유는 다시 깨어난다　　　154
사유가 없는 앎은 내 삶에 닿지 않는다　　　　　　161

4장　마음의 방향을 바꾸면 흔들림도 멈춘다

우리는 늘 거기에 있고 좀처럼 여기 있지 않다　　170
문제는 사물이 아니라 그것을 보는 나였다　　　　177
고통은 내가 허락한 만큼만 내 안에 머문다　　　　184
수치심은 마음을 얼리고 적개심을 잉태한다　　　　192
그 한 사람이 있었기에 나는 무너지지 않았다　　　199
나는 내 안의 기준으로 나를 바라본다　　　　　　206
깊은 숙고 끝에 내린 결심은 흔들림이 없다　　　　213

5장　죽음을 마주할수록 삶은 더 선명해진다

마지막 날이 오기 전까지는 아무도 알 수 없다　　222
죽음을 바라보는 눈이 삶을 더 선명하게 비춘다　　229
죽음을 배우는 건 삶을 다시 쓰는 일이다　　　　　236
질병은 죽음과 화해하도록 도와주었다　　　　　　243
삶의 길이보다 삶의 밀도가 중요하다　　　　　　　250
평생의 공부가 지닌 의미는 죽음이 판단해 준다　　257
언제든 떠날 수 있도록 오늘을 산다　　　　　　　264

1장 존재를 묻는 순간부터 내 삶이 시작된다

무엇을 하기 전에
먼저 '존재'를 묻자

현대인의 삶은 분주하다. 쫓기듯 바쁘게 움직여야 겨우 삶을 이어갈 수 있는 시대다. 하지만 문득, "나는 왜 이렇게 달리고 있는 걸까?" 하고 스스로에게 묻게 되는 순간이 찾아온다. 열심히 살아가고 있음에도 정작 그 삶을 살아가는 '나'는 낯설게 느껴지곤 한다. 바로 그때야말로 잠시 멈춰야 할 순간이다. 어디를 향하든, 무엇을 하든, 가장 먼저 바라봐야 할 대상은 그 길 위를 걷고 있는 '나'다. 나를 잃으면 삶은 언제든 길을 잃을 수 있기 때문이다.

세상의 옷을 벗고
내면을 향해 걸어가다

미셸 드 몽테뉴는 1533년, 프랑스에서 보르도 시장을 지낸

아버지 피에르 몽테뉴와 유대인 혈통의 어머니 앙투아네트 드 루프 사이에서 장남으로 태어났다. 할아버지가 일군 부를 바탕으로 아버지는 아들의 교육에 깊은 관심을 기울였다. 몽테뉴는 태어난 직후 촌락의 벌목꾼 가정에 2년간 맡겨졌다. 자연 속에서 소박한 삶을 경험하고 강하게 자라게 하려는 아버지의 뜻이었다.

2년 후 몽테뉴는 집으로 돌아와 철저한 라틴어 교육을 받았다. 아버지는 라틴어 외에는 아들과 대화하지 못하게 했고 부모는 물론 하인들까지 라틴어를 사용하도록 했다. 당시 라틴어는 고전 철학, 역사, 문학의 원전을 읽는 데 필수적인 언어였고 교양인의 상징으로 여겨졌다. 고대 그리스·로마 문명을 인류의 지적 기원으로 여겼던 시대 분위기 속에서 라틴어 교육은 단순한 언어 학습을 넘어 고대 사유의 세계에 접속하는 통로이기도 했다. 몽테뉴는 이런 환경 속에서 고대의 사유를 일찍 접했고 젊은 시절 법관이 되어 명예와 부를 누렸다. 하지만 그의 진짜 삶은 이제 시작될 터였다.

별안간 그는 모든 공직과 세속적 성공을 내려놓고 성안의 탑으로 들어가 은둔을 택한다. 그 조용한 결단은 많은 이들에게 의문을 남겼지만, 그 선택에는 뚜렷한 방향이 있었다. 타인의 기대와 외부 세계에 부유하던 자신을 되돌아보고자 했던 것이다. 몽테뉴는 말한다.

> "자신의 일을 제대로 하려면, 먼저 스스로가 어떤 사람인지, 그리고 자신에게 가장 적합한 것이 무엇인지 깨닫는 것이 중요하다."

몽테뉴는 사회적 기대와 타인의 시선에 맞춰 살다 보면 어느 순간 나는 나를 잃고 타인이 만들어 놓은 삶 속에 갇힌 존재가 된다는 것을 알았다. 그래서 그는 삶의 방향을 바꾸었다. 세상의 중심에서 물러나 자신의 내면으로 향하는 길을 택한 것이다.

그 전환은 단순한 회피나 충동이 아니었다. 친구 에티엔느 드 라 보에시와의 이별, 아버지와 동생, 그리고 자녀의 죽음, 낙마 사고로 인한 죽음과의 사투 등 삶의 연이은 상실은 그에게 큰 충격을 안겼다. 그 충격은 그에게 멈추어 서서 스스로에게 질문하고, 성찰할 수밖에 없게 만들었다. '나는 누구인가? 나는 무엇을 원하는가?' 그리고 그 물음에 답하기 위해 글을 썼다. 그 글이 《에세》이다.

《에세》는 자신을 정직하게 바라보는 내면의 기록이다. 몽테뉴는 논리보다는 감정과 직관, 외부의 교훈보다는 자기의 목소리를 따랐다.

> "살아 있는 동안 우리는 기대에 차서 마음이 끌리는 곳으로 끊임없이 움직인다. 하지만 존재의 경계를 넘어서면 이 세상의 그 어떤 것과도 더 이상 소통할 수 없다."

존재의 경계, 곧 죽음 그 너머로는 아무 언어도 건넬 수 없다. 그렇기에 몽테뉴는 지금, 이 순간을 살아가는 '나'를 자각하는 일이야말로 인간에게 주어진 가장 중요한 과제라 말한다. 존재를 묻지 않는 삶은 결국 후회라는 언덕에 홀로 서게 될 뿐이기 때문이다.

그는 매일 자신을 바라보았다. 감정과 사고, 욕망과 기억, 편견까지도 정직하게 응시하며 자기 존재의 밑그림을 살폈다. 삶의 거창한 담론이 아니라 오늘 하루 나를 조금 더 진실하게 살아내기 위해 시선을 자신에게 돌렸다.

> "인간이 빠질 수 있는 최악의 상태는 자기 자신을 인식하지 못하고, 자기 자신을 통제할 수 없게 되었을 때다."

자신을 잃는 순간, 삶의 모든 방향도 함께 흐려진다. 그래서 몽테뉴는 세상을 이해하려 하지 말고 먼저 나 자신을 이해하라고 전한다. 삶의 진실은 세상 바깥이 아니라 오직 '나'라는 존재 안에서부터 시작된다고 말이다.

세상의 소리를 잠시 끄고
나를 바라보는 시간

우리는 바쁘게 사느라 너무 자주 자신을 잊는다. 해야 할 일, 감당해야 할 사람들, 따라가야 할 시대의 흐름 속에서 정작 '나'는 점점 뒷전이 되기 일쑤다. 그런 우리에게 몽테뉴는 이렇게 말한다.

> "자신의 내면을 바라보라. 그대가 누구인지 알고자 하라. 정신과 의지가 바깥으로 흩어져 소진되고 있다면 그것을 다시 안으로 불러들이라. 그대는 지금 자신을 낭비하고 있다."

내면을 들여다보는 일은 멈춤에서 시작된다. 한 걸음 물러서 나를 바라보는 것. 지금, 이 삶이 과연 내 뜻과 닿아 있는지 스스로에게 묻는 것이다. 몽테뉴는 매일 자신을 성찰했다. 그 안에서 발견한 것은 허영과 불안, 기분에 흔들리는 연약한 자아였다. 진짜 삶은 그 인정에서부터 시작된다. 있는 그대로의 나를 받아들이는 일, 그것이야말로 삶의 밀도를 높이는 첫걸음이다.

삶이 흔들릴 때 다시 세울 수 있는 사람은 결국 '나'뿐이다. '지금 나는 어떤 상태에 있는가? 무엇을 향해 가고 있는가?' 이 단순한 질문은 우리를 다시 우리답게 되돌려 준다.

몽테뉴도 우리처럼 흔들렸고, 우울했고, 사소한 일 앞에서 무너지는 사람이었다. 그러나 그는 흔들림 속에서도 자신을 들여다보는 법을 잊지 않았다.

오늘의 사유

지금, 잠시 삶의 표면을 걷어내고 내면을 들여다보는 시간을 가져보세요. 짧은 문장 하나라도 괜찮습니다. 흔들림 속에서 여전히 붙들고 있는 감정이나 생각을 당신만의 언어로 써보세요. 답을 찾지 않아도 됩니다. 중요한 건, 그 질문 앞에 멈춰 서는 태도입니다.

1. 나는 왜 지금, 이 삶의 자리에 서 있는 걸까요?

2. 내 삶의 선택 중 가장 '나'답다고 느껴졌던 순간은 언제였나요?

3. 삶이 낯설게 느껴질 때, 나는 무엇을 통해 다시 나를 찾아오고 있나요?

나는 오늘의 나만을
확신할 수 있다

삶은 예측할 수 없는 일들로 가득하다. 어제의 나는 오늘의 나와 다르고, 오늘의 나 역시 내일과는 다를 것이다. 우리는 과거를 회상하며 후회하거나, 미래를 떠올리며 불안해한다. 그러나 정작 확신할 수 있는 순간은 바로 지금, 이 순간의 나 자신뿐이다. 흔들리는 시대일수록 단단한 중심은 멀리 있지 않다. 바로 오늘의 나, 이 순간의 인식에서 비롯된다.

**흔들림 속에서도
나를 잃지 않기 위해**

몽테뉴는 자신의 모든 사유를 '오늘의 나'를 성찰하는 데 쏟았다. 그는 '에세이'라는 장르를 만든 사상가이기 전에 하루하루 자신을 바라보며 끊임없이 기록한 사람이었다.

> "나는 고정된 존재를 그리지 않는다. 변화의 과정을 그린다. 시대에서 시대, 해에서 해로가 아니라, 매일의 순간순간을 기록한다."

《에세》는 정리된 철학 체계가 아니다. 심오한 사유가 담겨있지도 않다. 하나의 주제에조차 일관성이 결여되고 때론 모순되며 일정한 결론도 없다. 1572년 첫 글을 쓰기 시작해 1592년까지 매일의 자신을 붙잡아 두려는 치열한 몸부림이었다. 몽테뉴는 오늘의 나, 이 순간의 내 감정과 생각이 어떤지를 정직하게 바라보며 삶을 글로 풀어냈다.

> "나는 내 대상을 고정할 수 없다. 그것은 원래부터 흐릿한 취기 속에서 흔들린다. 내가 할 수 있는 일은 그 순간, 그 상황 속에서 보이는 그대로를 붙잡는 것이다."

이 고백은 그가 얼마나 솔직한 태도로 자기 삶을 직시했는지를 보여준다. 우리는 종종 완전한 해답이나 명확한 확신을 원한다. 불안한 현실 앞에서 흔들리지 않을 기준을 찾고 싶어하고 모순 없이 정리된 생각을 추구한다.

하지만 몽테뉴는 달랐다. 그는 오히려 매 순간의 인식과 감정이야말로 가장 솔직한 진실이라 믿었다.

> "내가 확신할 수 있는 것은 단 하나, 지금 이 순간 나 자신에 대해 어느 지점까지 인식하고 있는지 뿐이다. 그러니 내가 다루는 대상보다 내가 그것을 어떻게 바라보고 어떤 형태를 부여했는지를 봐주었으면 한다."

그에게 글쓰기란 자신을 붙드는 하나의 닻이었다. 삶의 불확실함 속에서 자신을 잃지 않기 위한 고요한 실천이었다. 그래서 그는 매일의 기록 속에 오늘의 나를 가만히 붙들었다. 명확한 체계나 일관된 결론보다는 하루하루의 감정과 사유가 그대로 살아 있는 글을 남겼다.

몽테뉴의 글쓰기 방식은 독특하다. 그는 정해진 결론을 향해 논리를 쌓기보다, 떠오르는 생각을 자유롭게, 때로는 수다스럽고 파편적으로 기록한다. 어제의 생각 위에 오늘의 생각을 덧붙이며 글을 써나간다. 예전의 생각과 오늘의 생각이 달라졌더라도 과거의 글을 굳이 고치지 않았다. 그러다 보니 같은 주제에 대해 상반된 견해가 나란히 실려 있는 경우도 많다.

그는 이렇게 자신 안에서 흔들리는 감정과 관점을 숨기지 않는다. 어떤 날에는 신의 존재를 신뢰하다가도 다른 날에는 회의한다. 어떤 순간에는 죽음을 평온히 받아들일 것처럼 말하다가도 다음 순간에는 공포를 고백한다. 그는 완전하지 않은 자신을 외면하지 않았다.

> "나는 끊임없이 나 자신을 의심하고 부정한다. 쉽게 흔들리고 방향을 잃는 나약한 존재처럼 느껴질 때가 많다."

몽테뉴는 흔들리는 자신을 미워하지도, 외면하지도 않았다. 오히려 그 흔들림 자체가 인간의 본질임을 받아들였다. 인간은 단일한 존재가 아니라 매일 달라지고 다시 질문하는 존재라는 사실을 말이다. 그 진실을 누구보다 먼저 깨달은 사람이 바로 몽테뉴다.

그는 거창한 삶의 계획보다 오늘의 나를 정직하게 바라보는 일이 더 중요하다고 여겼다. 어제의 실수도 내일의 걱정도 잠시 내려놓고 지금, 이 순간의 나를 직면하는 일 그것이야말로 인간이 할 수 있는 가장 진실한 철학적 태도라는 것을 삶으로 증명했다.

우리는 변한다. 그리고 그 변화 속에서 때때로 자신을 잃는다. 그러나 몽테뉴는 말한다. 지금, 이 순간의 나를 바라보라고. 그 흔들리는 나를 인정하라고. 바로 거기서부터 진짜 삶이 시작된다고 말이다.

**완전하지 않아도
오늘의 나로 산다**

우리의 일상은 매일 같은 듯 보이지만 그 안에는 수많은 변화가 일어난다. 감정이 다르고 생각이 달라지고 어제 확신했던 것이 오늘은 의문이 든다. 이런 흐름 속에서 우리는 혼란을 느끼고 스스로를 미워하거나 불안해한다. 그러나 몽테뉴는 그런 변화와 흔들림을 결코 부끄럽게 여기지 않았다.

> "나는 나 자신을 탐구하는 일 외에는 할 일이 없다. 내 안에는 끝없는 심연과 무한한 다양성이 있다. 내가 배움을 통해 얻은 가장 큰 수확은 아직 배워야 할 것이 너무 많다는 사실을 직접 깨달았다는 것이다."

우리는 언제나 완성된 존재가 되기를 원한다. 확신과 명확함 속에 머물고 싶어 한다. 하지만 몽테뉴는 오히려 이렇게 말한다. '지금의 나'를 온전히 바라보는 일이 가장 중요하다고 말이다. 오늘 내가 느끼는 불안도 흔들리는 감정도 바뀌는 생각도 모두 나의 일부이며 그 자체로 의미가 있다는 것을 그는 삶으로 보여준다.

우리 또한 그래야 한다. 내일의 나를 통제하려 애쓰기보다, 과거의 삶에 후회하기보다, 오늘의 나에게 집중하는 자세가 필요하다. 지금, 이 순간 내 안에서 피어나는 감정을 부정하지 않고 받아들이는 것이다. 그렇게 오늘의 나를 진실하게 살아내는 일이야말로 불확실한 시대 속에서도 삶을 지탱하는 힘이 되어준다.

그러니 몽테뉴처럼 오늘의 나를 바라보자. 우리는 완전하지 않기에, 수없이 흔들리기에, 오히려 더욱 깊이 있는 존재로 성장해 갈 수 있다.

오늘의 사유

오늘 당신이 해야 할 일은 단 하나입니다. 바로 '오늘의 나'를 솔직하게 마주하는 일입니다. 비교도, 평가도, 정답도 필요하지 않습니다. 있는 그대로의 나를 조용히 관찰해 보세요. 그 정직한 응시의 순간이, 삶의 흔들림 속에서도 당신을 붙들어 주는 단단한 중심이 되어줄 것입니다. 삶은 쓰는 만큼 선명해지고, 고백하는 만큼 깊어집니다.

1. 오늘 나는, 어떤 나로 살아가고 있나요?

2. 요즘 자주 떠오르는 생각이나 감정은 무엇인가요?

3. 매일 조금씩 달라지는 나를, 나는 어떻게 받아들이고 있나요?

나를 보는 법을 아는 사람은 길을 잃지 않는다

삶은 복잡한 미로처럼 느껴질 때가 많다. 앞만 보고 달리다 보면 문득, '나는 지금 어디로 향하고 있는가?'라는 물음이 스쳐 간다. 누구나 저마다의 속도로 어딘가를 향해 나아가지만, 정작 자신이 어디에 서 있는지, 어디로 가고 있는지 모른 채 떠밀리듯 하루를 살아간다.

세상은 끊임없이 방향을 요구한다. 더 빨리, 더 멀리, 더 높은 곳을 말이다. 그러나 진짜 길은 바깥이 아니라 내면에서 시작된다. 자신을 바라볼 줄 아는 사람만이 흔들림 속에서도 방향을 잃지 않는다. 멈춰서 나를 응시하는 그 한 걸음이야말로, 진정한 삶이 시작되는 지점이다.

내면으로 향한 발걸음이
진짜 나를 이끈다

몽테뉴는 누구보다 자신을 바라보는 법을 아는 사람이었다. 그는 바깥세상의 질서 속에서 명예롭고 안정된 삶을 누렸다. 그의 집안은 상업으로 축적한 부를 바탕으로 귀족의 지위를 얻었다. 증조할아버지 라몽 에켐은 생선 장사로 큰 부를 이뤘고, 아버지 피에르 에켐은 프랑수아 1세를 따라 이탈리아 전쟁에 참여한 공로로 '쇠르 드 몽테뉴'라는 귀족 칭호를 받았다. 그렇게 집안은 신분과 명예를 쌓아갔고 몽테뉴는 특별한 교육 환경 속에서 성장하며 자연스럽게 사유의 깊이를 키워갔다.

그러나 정작 그는 안정된 삶의 틀 안에서 진짜 자신을 잃어가고 있다는 불안을 느꼈다. 아픈 가족사뿐만 아니라, 타인의 시선에 부응하는 삶과 사회가 정해준 성공의 궤도 위에서 그는 문득 자신이 누구인지 모를 만큼 멀어졌다는 자각에 이르렀다. 그래서 그는 세상에서 물러났다. 그 물러섬은 도피가 아니라 자기 자신을 다시 찾기 위한 결단이었다.

> "모두가 앞만 보며 달려간다. 하지만 나는 내 안을 들여다본다. 나는 오직 나 자신과 마주하고, 나를 살피고, 나

를 반성하고, 나를 음미한다. 결국 스스로를 돌아보는 사람만이 진짜 어디로 가야 할지를 알 수 있다. 대부분의 사람들은 자신이 향하는 곳을 모른 채 앞으로만 나아갈 뿐이다."

몽테뉴는 《에세》를 쓰면서 끊임없이 자신을 관찰하고 성찰했다. 그는 자신에게 하루에도 수십 번 질문을 던졌다.
"나는 지금 어떤 상태에 있는가?", "나는 왜 이런 감정을 느끼는가?", "이 생각은 어디서 비롯되었는가?"
그는 이 질문들에 정답을 구하지 않았다. 대신 그 질문 자체를 삶의 도구로 삼았다. 질문을 던지고 그것에 응답하며 자신을 하나의 살아 있는 철학의 실험실로 삼았다.

"우리가 남의 삶이나 바깥세상에 관심을 기울이는 만큼만이라도 자신을 돌아보는 데 시간을 쏟는다면, 우리라는 존재가 얼마나 연약하고 결함투성이의 조각들로 이루어져 있는지를 곧 알게 될 것이다."

우리는 외부의 정보와 타인의 평가에 귀를 기울이다가 정작 자신을 잊곤 한다. 그 속에서 길을 잃는 것은 어쩌면 당연한 일이다. 누구나 흔들리고, 때로는 자신이 누구인지조차 희미해지는 순간을 맞는다. 하지만 그런 때일수록 더 깊이 더 솔직하게 자신을 바라보아야 한다.

몽테뉴는 우리와 반대의 길을 걸었다. 그는 타인의 시선보다 자신의 시선을 더 오래 응시했고, 인간이라는 존재의 불완전함을 외면하지 않고 정면으로 마주했다. 인간은 누구나 흔들릴 수밖에 없는 존재이며, 그 연약함을 부정하는 대신 이해하고 끌어안는 것이야말로 진정한 성찰이라 그는 믿었다. 《에세》는 몽테뉴 자신을 향한 기록이자 인간 존재를 구성하는 파편들을 솔직하게 마주한 글이다. 그는 수많은 생각의 조각들을 글로 붙잡아 두었다.

> "우리는 종종 스스로를 돌아보도록 초대받는다. 그것은 우리가 우리 자신에게 빚지고 있다는 사실을 깨닫게 하기 위함이다. 아무리 꿈같은 상상이라도 그것을 질서 있게 정리하고 바람 부는 대로 흩어지지 않게 하려면, 그때그때 떠오르는 자잘한 생각들을 구체화하여 기록하는 것으로 충분하다."

이런 사유의 습관은 그로 하여금 외부의 흔들림에도 불구하고 자신만의 방향을 잃지 않도록 도와주었다. 그는 자기 안에 존재하는 허영과 불안, 결점까지도 가감 없이 들여다보았다. 그 과정에서조차 그는 누구보다 자신에게 정직했고 그것이야말로 사람됨의 출발점이라고 여겼다.

몽테뉴는 우리에게 묻는다. "정말 나를 알고 있는가?" 그런 의미로 그는 이렇게 말한다.

> "우리 각자의 영혼은 자기 세계의 왕이다. 그러니 이제 더 이상 사물의 외적인 성질을 핑계 삼지 말자. 어떤 일을 어떻게 받아들이느냐는 결국 우리 자신에게 달려 있다."

행복도 불행도 외부에 의해 결정되는 것이 아니다. 그것을 어떻게 받아들이는지는 전적으로 자기 자신에게 달려 있다. 그래서인지 그는 타인의 삶보다 자신의 삶에 더 깊은 관심을 기울였고 그 속에서 길을 잃지 않는 힘을 길렀다. 자신을 보는 법을 아는 사람은 외부의 혼란 속에서도 자신만의 나침반을 지닌 사람이다. 몽테뉴는 그 나침반을 내면에서 찾았다.

**휘청이는 나를
지키는 힘**

삶이 불확실하게 느껴질 때 가장 먼저 해야 할 일은 자기 자신을 정확히 바라보는 일이다. 몽테뉴는 매일 자신을 살피고 그 안의 불안정함과 결점을 정직하게 기록함으로써 삶의 중심을 지켜냈다.

> "나는 끊임없이 나 자신을 살핀다. 그러나 내 안에서 발견되는 허영과 결점들을 감히 입에 올리기조차 두렵다. 내 발은 늘 불안정하고 조금만 흐트러져도 금세 휘청인다."

이 고백은 개인적 약함의 표현이 아니다. 인간이라는 존재의 보편적인 진실을 대면한 사람의 용기 있는 고백이다.

우리는 모두 흔들리며 살아간다. 그 흔들림을 감추려 할수록 오히려 더 큰 방향 상실에 빠지게 된다. 몽테뉴는 그런 사람들에게 전한다. 휘청이는 자신을 외면하지 말고 오히려 있는 그대로 바라보라고 말이다.

몽테뉴처럼 우리도 하루에 단 한 번만이라도 자신을 마주하여 "나는 지금 어떤 상태인가?"라고 묻자. 정답을 찾지 못해도 괜찮다. 그 질문에 머무르는 것만으로도 우리는 이미 나를 지키는 첫걸음을 내디딘 셈이다. 중요한 건 흔들리지 않는 것이 아니라 흔들릴 때마다 자신을 다시 바라볼 수 있는 힘을 기르는 일이다. 자기를 돌아보는 연습이야말로 혼란한 시대에 길을 잃지 않는 가장 단단한 지혜다.

오늘의 사유

지금 이 순간, 바쁜 일상에 떠밀려 미뤄두었던 내면을 조용히 들여다보는 시간을 가져보세요. '당신만의 언어'로 자신과 마주 앉아 보시길 바랍니다. 적어도 오늘 하루만큼은, 세상이 아닌 '당신 자신'을 향하길 바랍니다.

1. 요즘 나는 어떤 마음으로 하루를 살아가고 있나요?

2. 나를 자주 흔드는 감정은 무엇이며, 그 감정은 어디에서 비롯된 걸까요?

나는 언제나
변화하고, 혼합되고, 흔들린다

우리는 종종 '나'를 하나의 고정된 정체성으로 이해하려 한다. 하지만 조금만 깊게 자신을 들여다보면 곧 깨닫게 된다. 내 안에는 서로 다른 감정, 상반된 생각, 날마다 변하는 내가 함께 존재하고 있다는 사실을 말이다. 나라는 존재는 결코 한 문장으로 설명되지 않는다.

**나는 언제나 변화하고
흔들리는 존재다**

우리는 '나'를 하나의 문장으로 설명하려 한다. 한두 마디로 요약할 수 있는 성격, 고정된 관점, 일관된 입장을 통해 나를 명확히 붙잡고 싶어 한다. 그러나 조금만 더 정직하게 자신을 들여다보면 곧 깨닫게 된다. 내가 생각보다 훨씬 더 불안정하고, 복합적이며, 충돌로 가득 찬 존재라는 것을 말이다.

어제 확신하던 생각이 오늘은 의심스럽고, 방금 전의 다짐이 몇 시간 뒤엔 흔들린다. 이렇듯 우리는 한 방향으로만 흐르지 않는다. 겹겹의 생각과 감정, 과거의 상처와 미래에 대한 기대, 타인의 시선과 나만의 욕망이 서로 엉켜 있다. 그런 우리에게 몽테뉴는 말한다.

> "자신을 주의 깊게 살펴본 사람은 누구나 깨닫게 된다. 자신 안에도 수많은 모순과 불일치가 있다는 것을. 나는 나에 대해 단 한 마디로 절대적이거나 확고하게 말할 수 있는 것이 없다. 나는 언제나 나 자신 안에서 변화하고, 혼합되고, 흔들린다."

몽테뉴는 자신의 불완전함을 있는 그대로 응시한 사람이었다. 그는 단단하게 다져진 하나의 철학 체계를 만들기보다 흐르는 자기 자신을 포착하려 했다. 그의 글쓰기에는 거창한 진리를 향한 시도보다 순간순간 달라지는 감정과 생각을 기록하려는 애씀이 더 크다. 그래서 《에세》에는 수많은 모순과 반복이 존재한다. 같은 주제를 두고도 생각이 달라지고, 태도가 바뀌는 경우가 잦다.

하지만 그는 그런 변화와 혼란을 결코 부끄러워하지 않았다. 오히려 그것이야말로 인간의 진실한 모습이라고 믿었다.

> "행위와 업적은 그저 한 단면일 뿐이다. 그것들로는 나를 온전히 알 수 없다. 나는 그런 표본이 아니라 나 자신을 통째로 펼쳐 보이고자 한다."

이 말처럼 그는 자기 자신을 있는 그대로 기록하려 했다. 고정된 이상이 아니라 살아 있는 실체로서의 자신을 말이다. 오늘날 우리에게는 이런 그의 사유가 자연스러워 보일 수 있다. 하지만 그가 살던 시대, 특히 귀족 계층에게 요구되던 삶은 명확하고 일관된 태도, 체계적인 사유, 이상적 인간상에 가까웠다. 흔들림은 약함으로 모순은 무지로 치부되던 시절이었다.

그 속에서 몽테뉴는 과감히 정반대의 길을 택했다. 완결된 지식을 전하려 하지 않고 미완의 자신을 솔직하게 드러내는 데 집중했다. 그는 사유의 일관성보다 존재의 진실성을 택했고 체계적 설명보다 복합적 감정과 충돌을 그대로 담아냈다. 그는 철저히 '나'를 향해 글을 썼다. 그 글 속에서 자신이 누구인지 조금씩 알아갔다. 《에세》는 자신을 발견하고 구성해 가는 내면의 실험장이었다.

> "이 글은 흐르는 시간에 맞춰야 한다. 나는 언제든 변할 수 있고 그것은 우연뿐 아니라 의도적인 변화이기도 하다. 이 기록은 복잡하고 모순된 세상과 내 생각의 흐름을 담고 있으며, 나이가 달라서 혹은 같은 것을 다른 조건에서 바라보았기 때문에 달라질 수도 있다."

몽테뉴는 자신 안에서 일어나는 변화와 충돌을 그대로 수용했다. 그는 삶이란 고정된 것이 아니라 흐름이라는 사실을 깨달았다. 인간 역시 그 흐름 안에서 끊임없이 변화하는 존재임을 믿었다. 그래서 그는 오늘의 생각이 어제와 다르다고 해도 괜찮다고 말한다. 오히려 그 차이가 살아 있음의 증거라고 여겼다.

> "아무도 내 책을 읽지 않는다 해도 나는 이렇게 많은 여유 시간을 유익하고 즐거운 사색에 바쳤다는 것만으로도 충분하다. 나를 본떠 이 책을 빚어내기 위해 수없이 나 자신을 다듬고 손질했기에 오히려 내 안의 본모습은 더 또렷해졌고 어떤 의미에서는 새롭게 형성되었다. 타

인을 위해 나를 그리려다 보니 원래 가지고 있던 색보다 더 선명한 색으로 나를 칠하게 된 셈이다. 내가 책을 썼지만, 책도 나를 만들어 냈다. 이 책은 곧 나 자신이며 내 삶의 일부다."

《에세》는 자신을 구성해 가는 과정 그 자체였다. 몽테뉴는 그 과정을 통해 자신이 얼마나 다양한 면을 지닌 존재인지, 얼마나 쉽게 흔들리고 복합적인지를 있는 그대로 인정했다. 그리고 그 인정 속에서 오히려 더 단단한 자신을 만들어 갔다.

오늘날 우리는 흔히 자신이 일관되고 단정한 사람으로 보이려 한다. 하지만 몽테뉴는 전혀 다른 길을 선택했다. 그는 모순과 흔들림을 숨기지 않았고 오히려 그것들을 통해 자신의 깊이를 만들어 갔다.

흔들려도 괜찮다
나는 지금도 만들어지는 중이니

우리도 매일 흔들린다. 아침의 다짐이 저녁에는 무너지고, 어떤 날은 아무 이유 없이 우울하다. 그러면서도 우리는 늘 일관된 나로 살아가야 한다는 압박에 시달린다. 그러나 몽테뉴는 말한다. 그것은 자연스러운 일이며, 모순되고 불완전한 자신을 받아들이는 것이라고 말이다. 그런 과정이 자기 삶을 단단히 살아가는 첫걸음이라고.

그의 사유는 우리에게 이렇게 말해준다.

"흔들리는 나를 부정하지 말고, 오히려 그 안에서 진짜 나를 발견하라."

오늘의 기분이 어제와 다르고, 어떤 생각은 자꾸 바뀌어도 괜찮다. 우리는 완성된 존재가 아니라 지금도 만들어지는 중이기 때문이다. 삶은 정답을 향해 나아가는 게 아니라 그때그때의 진심을 마주하는 과정에 있다는 것을 몽테뉴는 글을 통해 가르쳐준다.

그러니 오늘 하루가 불완전해도 괜찮다. 지금의 나를 있는 그대로 바라보고, 받아들이자. 흔들림 속에서도 자신을 돌아보는 그 태도 하나만으로도 우리는 삶 속에서 길을 잃지 않고 자기 자신과 조금 더 가까워질 수 있다.

지금, 우리에게 필요한 것은 '완벽한 나'가 아니라, '진실한 나'다. 그런 나를 알아가는 여정이야말로 가장 온전한 삶이다.

오늘의 사유

지금, 이 순간 당신 안에서 일어나는 모순과 충돌, 어제와 달라진 오늘의 감정을 솔직하게 마주해 보세요. 꼭 정리된 생각일 필요는 없습니다. 흔들림 속에서도 유일하게 붙들고 있는 감정 하나, 생각 하나를 꺼내어 당신만의 언어로 써보는 것, 그 자체로 의미 있는 시작이 될 수 있습니다. 그 문장은 지금의 당신이 어디쯤 와 있는지를 보여주는 조용한 좌표가 되어줄 것입니다.

1. 요즘 내 안에서 가장 자주 충돌하는 감정은 무엇인가요?

2. 나는 예전부터 나를 어떤 문장으로 설명해 왔나요?

3. 지금 이 흔들림 속에서 끝까지 지키고 싶은 내 모습은 무엇인가요?

삶의 소음에서 한 걸음 물러나야
자신을 만날 수 있다

우리는 늘 무언가에 반응하며 살아간다. 휴대폰의 알림, 타인의 말, 쏟아지는 정보가 쉴 틈 없이 마음을 흔든다. 우리는 이렇게 살아가는 일에 몰두하느라 정작 살고 있는 나를 돌아볼 틈이 없다. 삶의 겉면을 살아내느라 내면을 바라보지 못한다. 이럴 때 필요한 것은 한 발짝 물러서는 일이다. 세상의 요구에서 잠시 내려와 고요 속으로 걸어 들어가는 것이다. 고요해야만 우리는 내면의 진짜 목소리에 귀를 기울일 수 있다.

내면의 문을 여는 서재,
고요 속의 나를 만나는 공간

몽테뉴는 시끄럽고 바쁜 세상 속에서도 내면의 고요를 간절히 지키려 했다. 그는 사회의 요구와 타인의 기대에 자신을 내맡기기보다 스스로 물러나 고요한 공간을 만들고 그 안에서 자신을 성찰하는 삶을 선택했다.

몽테뉴는 성안의 탑 위에 오직 자신만을 위한 공간을 설계했다. 1층에는 기도실을, 2층에는 간이 침실을, 그리고 꼭대기에는 서재를 두었다. 그 서재에 이르기 위해서는 나선형 계단을 따라 올라가야 했다. 그곳은 누구에게도 방해받지 않는 고요한 시간과 공간이었다. 그는 그곳에서 하루하루 자신과 마주하며 글을 썼다.

이 공간의 진짜 의미는 물리적 정적이 아니었다. 내면을 향한 통로였다. 그는 이곳에서 자기감정과 생각, 불안과 망설임, 때로는 희망과 용기를 진솔하게 마주했다. 그렇게 하루하루 되새기듯 써 내려간 글들이 바로 《에세》다.

> "외부의 소음으로부터 완전히 닫힌 공간, 오직 나만의 방을 마음속에 마련하라. 그곳에서 우리는 고요하게 매일 자신과 마주해야 한다."

몽테뉴는 단순히 조용한 장소를 찾은 것이 아니었다. 그는 외부의 소음을 차단하는 동시에 내면 깊은 곳에서 울리는 자신의 진짜 목소리를 듣고자 했다. 그의 글은 겉보기엔 차분하지만, 그 안에는 고요 속에서 벌어지는 치열한 사유의 흔적이 스며 있었다. 그가 매일 탐사한 것은 성안의 포도밭과 정원이 아니라 바로 자기 자신이었다.

"고독은 장소에 있지 않다. 영혼이 제 안으로 물러나는 순간, 그 어디서든 우리는 고요한 자유를 누릴 수 있다."

그에게 고요는 내면으로 들어가는 문이자 자아와 다시 연결되는 시간이었다. 그는 외부 세계의 평가에서 한 발짝 물러남으로써 인간에 대한 통찰을 더 깊이 얻을 수 있었다. 생각과 감정의 뿌리를 끈질기게 추적하는 것, 그것이 곧 몽테뉴의 철학이었다.

"홀로서기를 선택했다면, 그 외로움마저 스스로 감당할 줄 알아야 한다. 타인의 시선과 기대에서 벗어나 스스로를 위로하고 붙드는 힘은 오직 내 안에 있다."

고요 속에서 그는 연약한 자신을 숨기지 않았다. 오히려 있는 그대로 받아들이며 그 안에 깃든 진실을 들여다보았다. 외부로부터의 단절은 그에게 상처가 아니라 회복의 시작이었다.

탑 안의 서재는 몽테뉴가 매일 자신을 치유하고 다듬기 위해 찾은 내면의 방이었다. 책을 읽고 글을 쓰며 그는 자신의 감정과 사유를 한 문장 한 문장에 정직하게 새겨 넣었다.

《에세》의 문장들은 그가 고요 속에서 스스로와 싸우고 또 스스로를 위로하며 써 내려간 고백이다. 한 인간이 자기 자신에게 얼마나 정직해질 수 있는지를 보여주는 진실한 실천의 기록이다.

> "삶의 소음에서 한 걸음 물러나야 비로소 자기 자신을 만날 수 있다. 고요 속에서 우리는 잃었던 나를 다시 부를 수 있다."

몽테뉴는 시끄러운 세상 속에서는 도무지 자신의 목소리를 듣기 어렵다는 사실을 일찍이 알아차렸다. 고요 속에 들어가야만, 비로소 마음 깊은 곳의 떨림을 감지할 수 있다는 것을 그는 경험으로 알았다.

우리도 하루쯤은 세상의 소음을 뒤로할 수 있는 자신만의 조용한 공간으로 들어가야 한다. 그곳은 책상 위의 한 자리가 될 수도 있고, 마음속 한 조각 침묵일 수도 있다. 중요한 것은 물리적 장소가 아니라 그 고요 속에서 나라는 존재와 다시 연결되는 일이다. 그곳에서 우리는 잊고 지냈던 자신을 조용히 다시 불러낼 수 있다. 그리고 바로 그 순간부터 진짜 나다운 삶이 시작된다.

**고요는 외로움이 아니라
나와 연결되는 시간이다**

몽테뉴는 고요를 자기 자신에게로 돌아가는 길로 여겼다. 그는 탑 안의 서재에서 세상의 소음을 잠시 접고 매일 자신과 마주 앉았다. 고독한 듯 보이는 그 공간은 사실 누구보다 풍요로운 사유의 공간이었다.

> "우리의 영혼은 언제나 돌아갈 수 있는 곳이다. 스스로를 벗 삼아 대화하고, 싸우고, 위로할 줄 안다면, 고독 속에서도 우리는 결코 외롭지 않다."

오늘을 사는 우리에게도 이 말은 깊은 울림을 준다. 늘 연결된 세상에 살지만 정작 자신과는 단절된 채 살아간다. 우리는 타인의 말에는 즉각 반응하지만, 자신의 마음에는 좀처럼 귀를 기울이지 않는다. 그런 우리에게 몽테뉴는 말한다. 진짜 고독은 혼자 있음이 아니라 자신과 연결되지 못함에서 시작된다고 말이다.

그러니 하루에 단 몇 분이라도 세상의 소리를 꺼두고 자신에게로 돌아가 보자. 나의 감정, 나의 생각, 그리고 나의 삶에 조용히 질문을 던지고 그 질문 앞에 머물러 보자. 그 시간이야말로 내 안의 영혼과 대화하는 순간이다.

고요 속에서 우리는 비로소 진짜 '나'를 다시 만난다. 그리고 그 '나'를 붙들고 지탱할 힘은 언제나 내 안에 있었다는 사실을 그제야 깨닫게 된다.

오늘의 사유

지금, 이 순간 고요 속으로 스스로를 데려가 보세요. 눈을 감고 내면을 들여다보세요. 그 속에는 외면했던 불안, 설명되지 않은 기쁨, 말하지 못한 생각들이 있을 것입니다. 그것들을 솔직하게 받아들이고 기록해 보세요. 당신만의 문장으로 내면의 목소리를 꺼내는 글쓰기가 더 깊은 나와 만나는 길이 될 것입니다.

1. 지금, 내 안에서 가장 크게 느끼는 소음은 무엇인가요?

2. 요즘 내 마음속에서 가장 조용히 울리고 있는 진실은 무엇인가요?

변하지 않으려는 마음이
나를 가둔다

 우리는 종종 자신을 한 문장으로 정의한다. "나는 원래 이런 사람이야", "나는 항상 이래왔어." 익숙한 말투와 태도는 우리를 안심시키지만, 동시에 그 틀 안에 가두기도 한다. 그 틀은 반복된 습관과 익숙한 생각으로 만들어진 심리적 울타리이자, 변화를 두려워하는 마음이 만든 감정의 벽이다. 삶은 본디 고르고 일정한 것이 아니라 불규칙하고 유동적이며 예측할 수 없는 방향으로 끊임없이 움직인다. 그 안에서 유일하게 변하지 않으려는 것이 있다면 바로 우리 자신이다. 우리는 스스로 정한 습관, 방식, 성격에 길들여 자기 안의 더 큰 가능성을 스스로 차단하며 살아가곤 한다.

자기 안의 틀을 깨야
비로소 나를 만난다

몽테뉴는 인간이란 고정된 존재가 아니라 끊임없이 변화하는 존재라고 믿었다. 그는 인간이 흔히 자기 성향과 기질에 집착하고 그것이 곧 자신이라고 착각하는 태도를 비판했다. 우리는 종종 "나는 원래 이런 사람이야"라고 말하며 자기 안에 스스로 경계를 긋고 갇히기를 자처한다. 그러나 그런 고정 관념은 현실이 아니라 반복된 자기 확신일 뿐이다. 삶의 변화와는 무관하게 굳어져 버린 생각일 수 있다.

> "삶은 고르고 일정하지 않으며 다양한 모습으로 끊임없이 변화한다. 그런데도 우리는 자기가 가진 성향만을 고집하며 그 너머로 나아가지 못한다. 그런 식이라면 우리는 결코 자기 자신과 친해질 수 없고 자기 삶의 주인도 되지 못한다. 오히려 스스로의 노예로 살아가게 된다."

그는 이러한 사유를 삶으로 실천한 사람이었다. 법관으로서 안정된 삶을 살던 그가 서른여덟에 갑자기 공직을 내려놓고 성안의 탑으로 들어간 일은 세상의 틀에서 벗어나 자기 삶을 다시 정의하고자 한 깊은 결단이었다. 외부의 틀을 내려놓을 때 비로소 내부의 진실과 마주할 수 있다는 사실을 그는 누구보다 깊이 체험했다. 그의 서재는 외부의 기준이 아닌 자신만의 호흡으로 살아가기 위한 공간이었다. 거기서 그는 날마다 글을 쓰며 변하는 자신을 기록했다. 《에세》는 그렇게 해서 만들어졌다.

그의 글은 종종 스스로의 생각을 수정하고, 때로는 어제의 나와 오늘의 내가 충돌하기도 한다. 하지만 그는 그런 모순을 부끄러워하지 않았다. 오히려 변화 없는 사고야말로 인간에게 가장 위험한 정체 상태라고 여겼다.

> "자신의 기질이나 성향에 너무 집착해서는 안 된다. 인간이 가진 가장 큰 능력은 변화에 유연하게 적응하는 것이다."

몽테뉴는 인간은 다양한 삶의 방식에 익숙해져야 한다고 했다. 하나의 틀에만 갇혀 살아가는 것은 그저 존재하는 것일 뿐, 진짜 살아가는 것이 아니라고 보았다.

> "단 하나의 삶의 방식에만 얽매여 사는 건 그저 살아 있다는 것이지 진정 살아가는 것이 아니다. 가장 고귀한 영혼이란 가장 다양한 삶의 모습에 익숙하고 유연하게

흐를 줄 아는 영혼이다."

현대인은 유례없이 빠르고 복잡한 환경 속에서 살아간다. 효율과 성과, 분명한 캐릭터와 일관된 태도가 성공의 공식처럼 강요된다. "나는 원래 내성적이니까", "낯가림이 심해서요", "모험은 안 맞아요" 같은 말들은 자신을 설명하는 듯 보인다. 하지만 이런 말이 종종 우리를 가두는 틀이 되기도 한다. 그 말들 속엔 자신을 지키려는 본능이 있지만, 변화에 대한 두려움이 더 깊이 자리하고 있다. 문제는 익숙한 성향에 머무는 사이 진짜 나의 가능성이 서서히 사라진다는 것이다.

몽테뉴는 변화에 대한 두려움이라는 인간 본연의 감정을 외면하지 않았다. 그 감정을 직시하고 그 너머로 나아갈 수 있는 연습을 매일 해냈다. 타인의 기대, 익숙한 습관, 실패에 대한 두려움은 우리를 한자리에 묶어둔다. 하지만 몽테뉴는 그런 굳어짐을 의심했고 그 의심 속에서 더 자유로운 자신을 만들어 갔다.

**익숙함을 내려놓을 용기,
지금 나를 다시 그릴 시간**

많은 사람이 지금 이대로의 나에 안주한 채, 새로운 가능성

앞에서 주저한다. 익숙함은 우리를 안정시키지만 동시에 성장의 문을 조용히 닫기도 한다. 삶은 고요하지 않다. 어느 날은 순풍이 불지만, 어느 날은 예고 없이 폭풍이 몰아친다. 그 변화 앞에서 진짜 자기 삶을 살아갈 수 있는 사람은 유연하게 흐를 줄 아는 사람이다.

> "어떤 계획이든, 성패는 '시기'에 달려 있다. 기회와 일은 끊임없이 변한다. 내 인생에서 저지른 큰 실수들 대부분은 잘못된 판단 때문이 아니라 적절한 시기를 놓쳤기 때문이다."

그는 고정된 답을 고집하지 않았다. 변화의 흐름 속에서 판단을 보류하고 자신을 조율하며 날마다 다시 살았다. 진짜 실수는 변하는 세상보다 더 고집스러운 마음으로 자기 자리를 고정해 두는 일이라는 걸 그는 알았다.

지금의 나는 어떤가. 과연 내가 원하는 나인가? 아니면 과거의 습관과 타인의 기대, 실패를 피하고자 만든 나인가? "나는 원래 이런 사람이야"라는 말은 익숙함을 지켜주지만, 새로운 나를 가로막는다. 지금이야말로, 변할 수 있는 가장 좋은 시기다.

그러니 멈추지 말고, 나를 다시 그려보자. 지금의 나는 완성된 존재가 아니라 여전히 살아가는 중인 존재이기 때문이다. 변하지 않기 위해 애쓰기보다 달라질 수 있는 나를 믿어보자.

오늘의 사유

우리는 종종 익숙한 것에 머무르며 변화의 가능성을 놓칩니다. 익숙함은 잠시 안전하게 지켜주지만, 더 넓은 나로 나아갈 문을 닫기도 합니다. 지금, 이 순간 익숙한 틀에서 한 걸음 물러나 새로운 시선으로 자신을 다시 그려 보세요. 그 시간이 전환점이 될 수 있습니다. 글쓰기는 당신의 사유가 되고, 그 사유는 결국 삶을 바꾸기 시작할 것입니다.

1. 나는 어떤 익숙함에 안주하고 있나요?

2. "나는 원래 이런 사람이야"라는 말이 내 삶을 멈추게 했던 순간은 언제였나요?

3. 변화 앞에서 나를 한 걸음 움직이게 할 작은 선택은 무엇일까요?

내 욕망의 그림자엔
타인의 얼굴이 있다

 우리는 욕망을 통해 삶을 밀고 나간다. 그러나 문득 멈춰서 자신에게 물어야 할 때가 있다. "지금 내가 원하는 것은 과연 진짜 나의 것인가? 아니면 타인의 시선과 기대가 만들어 낸 그림자인가?" 갖고 싶었던 것, 되고 싶었던 모습, 이루고 싶었던 삶. 그 모든 열망의 밑바닥을 들여다보면 종종 남들이 부러워할 만한 삶을 꿈꾸는 나를 발견하게 된다. 욕망이 나의 삶을 움직이는 힘이 되려면 먼저 그 욕망의 출처를 묻는 일부터 시작되어야 한다.

**욕망의 민낯을
바라보는 용기**

 몽테뉴는 누구보다 솔직하게 자신의 내면을 들여다본 사람이었다. 그는 《에세》를 통해 자기 자신을 말하는 글쓰기를 실천했다. 겉으로는 고요한 글이지만 그 안에는 한 인간이 자신의 모순과 불안을 정면으로 응시한 고백이 가득하다. 특히 그는 자신의 욕망을 감추지 않았다. 오히려 욕망이라는 인간의 본성을 직시하면서 그것이 어떻게 타인의 얼굴을 닮아 가는지를 철저히 탐구했다. 그는 그 의미를 이렇게 말한다.

> "자신의 내면을 깊이 들여다보면 우리의 욕망이 종종 다른 사람을 희생시키면서 생겨나고 자란다는 사실을 깨닫게 될 것이다."

몽테뉴는 젊은 시절 법관으로 일하며 세상의 질서 속에 몸을 담았다. 귀족 집안에서 태어나 남부럽지 않은 삶을 누릴 수 있었지만, 그는 점점 그 삶이 타인이 기대하는 나에 맞춰진 것임을 깨달아 갔다. 세상의 기준과 명예, 성공이라는 이름으로 포장된 욕망이 사실은 타인의 시선으로부터 비롯된 것임을 그는 감지했다. 그래서 그는 과감히 세속의 자리를 내려놓고 성 안의 탑으로 물러났다. 그리고 자신을 마주했다.

그의 글은 욕망을 가리는 체면이 아니라 그 욕망의 원천을 직면하는 도전이었다.

"나는 남들이 나를 어떻게 보느냐보다 내가 나에게 어떤 존재인지를 더 걱정한다. 나는 빌려 온 외양이 아니라 내 안의 진실한 것으로 부유하길 바란다."

그는 욕망의 중심에 남들이 아닌 자신이 서 있어야 한다고 믿었다. 그 믿음이 그를 진정한 자유의 길로 이끌었다. 하지만 몽테뉴는 인간의 욕망이 얼마나 흔들리기 쉬운지, 얼마나 맹목적일 수 있는지도 알고 있었다.

"우리의 욕망은 늘 우유부단하고 흔들리기 쉽다. 무엇도 제대로 간직하지 못하고 온전히 누릴 줄도 모른다."

그는 욕망이란 대상을 가지기보다 끊임없이 대상 너머의 환상을 좇는 경향이 있다고 보았다. 우리는 어떤 것을 간절히 원하면서도 그것을 소유한 순간 곧 또 다른 것을 갈망한다. 그리고 그 끝없는 반복 속에서 자기 자신을 잃어간다. 더 심각한 문제는 우리가 그 욕망의 실패를 타인의 탓으로 돌린다는 것이다.

"우리는 알지도 못하고 이해하지도 못하는 것들로 자기

욕망을 채우려 한다. 그리고 그런 미지의 것들을 향해 기대고, 떠받들고, 희망을 걸며 산다."

몽테뉴는 인간의 욕망이 얼마나 허상을 좇는지에 대해 깊이 성찰했다. 우리가 바라보는 성공, 명예, 안정은 어쩌면 실제로 존재하지 않는 이미지일지도 모른다. 그것은 결국 비교와 모방, 불안의 산물이며 타인의 욕망을 내 욕망인 양 살아가는 착각일 수 있다.

몽테뉴는 진짜 욕망이란 외부가 아닌 내부에서 길어 올려야 한다고 보았다. 그 욕망은 세상의 인정이 아니라 나 자신의 진실에서 출발해야 한다.

> "사람들은 겉으로 드러난 사건과 모습만 본다. 누구든 속으로는 두려움과 불안에 휩싸이면서도 겉으론 태연한 얼굴을 지을 수 있다. 그들은 내 마음을 보지 못하고 단지 내 태도만을 본다."

몽테뉴는 타인의 시선을 의식하는 삶이 결국 자신을 속이는 길임을 경고한다. 그가 글을 쓴 이유도 결국 자신의 진짜 마음을 드러내기 위함이었다.

> "사람들은 우리가 이미 삶을 살아버린 후에야 삶의 법칙을 가르치려 한다."

몽테뉴는 그 삶을 사는 도중에 욕망을 꿰뚫는 통찰을 발견하려 했다. 자신을 돌아보는 일이야말로 삶의 길을 그리기 위한 선행 조건임을 그는 철학으로 증명해 보였다.

오늘을 살아가는 우리에게 몽테뉴의 사유는 묻는다. 지금 내가 바라는 삶, 원하는 것, 이루고자 하는 그것은 진짜 '내 마음'에서 비롯된 것인가? 아니면 타인의 부러움을 나의 목표로 착각하며 살아온 것은 아닌가?

삶을 더 깊이 살아가기 위해서는 나를 움직이는 욕망의 얼굴을 다시 들여다보아야 한다. 그 욕망이 타인의 얼굴을 하고 있다면 우리는 나를 잃은 채 남의 인생을 살고 있을지도 모르기 때문이다.

**진짜 욕망은
내 안에서 자란다**

오늘 우리는 무수한 욕망의 파도 속에서 살아간다. 남들보다 더 나은 모습으로 보이기 위해, 인정받기 위해, 뒤처지지 않기 위해 끊임없이 무엇인가를 갈망하며 나아간다. 그러나 몽테뉴는 욕망의 모양을 의심할 줄 알았고 그 욕망이 어디서 비롯되었는지를 끊임없이 추적했다. 우리도 그래야 한다. 남들이 부러워할 삶이 아니라 내가 진심으로 바라는 삶이 무엇인지 자문해야 한다.

욕망은 때때로 우리를 전진하게 만드는 힘이 되지만, 방향을 잃은 욕망은 우리를 삶에서 멀어지게 한다. 우리가 끝없이 바라고 채우려는 그 무엇이 사실은 타인의 욕망을 흉내 낸 그림자일 수도 있기 때문이다. 몽테뉴는 그 그림자를 직시함으로써 진짜 자기를 찾아갔다.

그의 사유는 단순하다. 지금 내가 원하는 것을 의심하라. 그리고 그 바람의 중심에 타인이 아닌 나 자신이 있는지를 살펴보라. 그렇게 내면에서 길어 올린 욕망만이 나를 단단하게 붙들어 줄 수 있다.

그러니 오늘 하루, '내가 진짜 바라는 삶은 어떤 것인가?'라는 질문 앞에 잠시 머물러 보자. 그 순간부터 우리는 더 이상 타인의 인생을 대신 살아가지 않게 될 것이다. 진짜 나의 삶은 내 욕망이 내 안에서 자라기 시작할 때 비로소 시작되기 때문이다.

오늘의 사유

지금, 이 순간 내면 깊은 곳에서 진심으로 바라는 것이 무엇인지 천천히 꺼내어 보세요. 그 욕망이 어디에서 비롯되었는지, 그리고 그것이 정말 나의 것인지 묻는 일. 바로 그 질문에서 나만의 삶은 시작됩니다. 욕망의 진짜 얼굴을 정직하게 마주할 수 있을 때, 우리는 더 이상 남의 삶을 흉내 내지 않고 나답게 살아갈 수 있습니다.

1. 나는 지금 무엇을 간절히 바라고 있나요?

2. 타인의 기준에서 벗어나 내가 진심으로 바라는 삶은 어떤 모습인가요?

3. 내가 갖고 싶어 했던 것 중, 그것이 나답지 않았다고 느껴지는 것은 무엇인가요?

2장

세상이 흔들려도 나는 나를 지킨다

통제할 수 없는 상황에도
나는 담담하게 맞선다

삶에는 내가 아무리 애써도 바꿀 수 없는 일들이 있다. 뜻하지 않은 사건, 예상치 못한 관계의 흔들림, 준비되지 않은 이별처럼. 그런 순간에는 세상을 붙잡으려 하기보다 나 자신을 가다듬는 일이 더 중요해진다. 바깥을 통제할 수 없다면, 안쪽의 태도만이라도 바로 세우는 것. 그것이 흔들리는 세상 속에서도 나를 지켜내는 가장 현실적인 방법이다.

흔들리는 세상 앞에서도
나는 담담하게 서 있다

통제할 수 없는 상황에 직면하면 우리는 당황하거나, 지나치게 애쓰거나, 조급해지기 쉽다. 그러나 몽테뉴는 전혀 다른 방식으로 그 시간을 견뎠다. 그는 세상을 바꾸려 하기보다 자신의 내면을 단련하는 데 집중했다. 삶이 흔들릴수록 더욱 담담함을 지키려 애썼다.

1585년, 그는 보르도 시장으로 재직 중이었다. 그해 보르도에는 페스트가 창궐했다. 순식간에 도시 전체를 공포로 몰아넣었다. 몽테뉴는 고민 끝에 가족들을 데리고 피신을 선택한다. 6개월 동안 도시를 떠난 그의 선택은 정치적 책임 회피라는 비난을 불렀다. 그의 명성 또한 흔들렸다. 실제로 그가 떠난 동안 보르도 인구의 절반 가까이가 페스트로 목숨을 잃었다.

그러나 그는 세상의 비난보다 가족의 생존을 우선시했다. 무력한 혼돈 속에서 '무엇을 지켜야 하는가?'라는 근본적인 질문에 자신만의 방식으로 답했다. 그 선택은 담담함의 다른 이름이었다. 두려움 속에서도 감정에 휩쓸리지 않고 통제할 수 없는 상황에 휘둘리지 않으며 가장 중요한 것을 지키기 위한 판단이었다.

"외부에서 불어오는 바람만이 나를 흔드는 게 아니다. 나 자신의 불안정한 태도 또한 내 안에서 파도를 일으킨다."

이 말처럼 몽테뉴는 인생의 고통이 언제나 외부에서 오는 것이 아님을 꿰뚫어 보았다. 진짜 문제는 사건보다 그것을 받아들이는 자신의 태도에 있다는 것이다. 바깥의 풍랑을 피할 수 없다면, 적어도 내 안의 파도는 가라앉힐 수 있어야 한다. 그는 불안과 두려움이 증폭되는 이유가 내면의 조급함과 예민함에 있다는 것을 정확히 알고 있었다. 그래서 그는 감정을 다스리는 훈련만큼이나 마음의 '기초 체력'을 기르는 일에 힘을 쏟았다.

"아무리 대비책을 세워도 불확실한 상황을 완전히 통제할 수는 없다. 그러니 어떤 일이 닥치든 담대하게 받아들일 준비를 하고 알 수 없는 미래 속에서 오히려 작은 위안을 찾는 것이 현명한 태도일 것이다."

그에게 담담함이란 무기력한 포기가 아니었다. 스스로의 한계를 인정한 뒤 선택하는 태도였다. 불확실한 미래 앞에서 지나치게 대비하려 애쓰기보다 어떤 일이 오더라도 흔들리지 않을 나를 준비하는 것. 그 태도는 삶에 쓸데없는 소모를 줄였고 마음속 공간을 비우는 연습이 되었다. 그는 삶의 예측 불가능함을 인정하고 그 안에서도 여전히 의미를 찾는 법을 익혀갔다.

  담담한 태도는 훈련 없이 주어지지 않는다. 특히 고통의 순간에는 마음이 움츠러들고 감정이 앞선다. 몽테뉴는 그때야말로 덕이 필요한 순간이라고 말한다.

> "우리를 서두르게 만드는 것은 경솔함과 조급함이다. 그러나 굳센 덕을 지닌 사람은 어떤 시련 앞에서도 등을 돌리지 않는다. 오히려 불행과 고통을 삶의 자양분으로 삼아 거기서 의미를 길어 올린다."

  그는 불행을 피하지 않았다. 오히려 그 안에 머물며 삶이 주는 경험의 층위를 더 깊이 느꼈다. 슬픔을 밀어내지 않았고 상실도 외면하지 않았다. 그는 고통을 삶의 일부로 받아들이고 그 안에서 단단해지는 자신을 마주했다. 그리고 그 과정을 통해 삶의 진짜 무게를 이해하게 되었다.

> "내 기질은 소란과는 맞지 않는다. 나는 담담한 태도로 소요를 멈출 수 있으며 냉정하게 폭동을 다스릴 수 있다. 분노해야 할 때가 있더라도 나는 그 감정을 외부에서 빌려와 가면처럼 쓸 뿐이다."

이 말속에는 몽테뉴가 삶의 격랑 속에서 무엇을 선택해 왔는지가 고스란히 담겨 있다. 그는 흥분보다 침묵을, 분노보다 관찰을, 반응보다 수용을 택했다. 그는 삶을 통제하려는 욕망 대신 자기 자신을 삶에 맞추려 했다. 흔들림은 멈출 수 없지만 흔들리는 동안에도 중심을 지키는 법은 배울 수 있다는 것을 그는 삶으로 보여주었다.

우리는 통제할 수 없는 상황 앞에서 무력감을 느낀다. 하지만 몽테뉴는 말한다. 세상을 내 뜻대로 바꿀 수 없다면 내가 먼저 세상에 적응하는 쪽을 선택하라고 말이다. 그 태도가 삶을 견디는 힘이 되며 흔들림 속에서도 나를 지켜주는 내면의 바닥이 된다.

**흔들리되,
꺾이지 않기 위하여**

우리는 삶이 예측 가능하기를, 내가 통제할 수 있는 범위 안에서 흘러가기를 기대한다. 그러나 현실은 그렇지 않다. 갑작스레 닥치는 상실, 예상 밖의 변화, 내가 바꿀 수 없는 사람과 상황들을 맞이하게 된다. 그런 순간마다 우리는 혼란스럽고 버티는 힘마저 흔들린다. 그럴 때 몽테뉴는 우리 내면을 돌아보게 만든다.

"내가 잘못이라 판단한 것은 끝까지 잘못이라 여기며 그 판단은 거의 내가 태어날 때부터 갖고 있던 기질처럼 변함없이 유지된다."

그는 말한다. 우리가 괴로운 이유는 세상의 변화가 아니라 그 변화를 받아들이지 못하는 고집 때문이라고 말이다. 익숙한 판단에 머물고 고정된 방식만을 고수하면 우리는 결국 삶의 흐름에서 멀어지게 된다.

삶을 지혜롭게 살아간다는 것은 모든 것을 내 뜻대로 하겠다는 태도가 아니라 내 삶의 흐름이 어디로 흘러가고 있는지를 겸손하게 인식하는 일이다. 내가 바꿀 수 없는 것들을 있는 그대로 받아들이되 그 안에서 내 중심을 지키는 것. 그것이야말로 흔들리는 세상 앞에서도 무너지지 않는 사람의 태도다.

오늘 하루, 내가 통제할 수 없는 일 앞에서 스스로를 탓하지 말자. 불완전한 삶은 나의 잘못이 아니라 삶의 본질이니까. 다만 그런 흐름 안에서 나를 잃지 않기 위해 한 걸음 더 단단해지려는 마음만은 놓치지 말자. 몽테뉴처럼 우리도 그렇게 살아갈 수 있다. 담담하지만 깊게. 흔들리되 꺾이지 않게.

오늘의 사유

내가 통제할 수 없는 것들을 조용히 마주해 보는 시간을 가져보세요. 억지로 바꾸려 하지 말고 그 상황 앞에서 내가 어떤 태도를 취하고 있는지를 바라보는 것. 그 작은 성찰이 곧 단단한 나를 만들어 줍니다. 오늘의 사유를 써보세요. 당신의 문장이 당신을 다잡는 힘이 되어줄 것입니다.

1. 내 삶에서 내가 바꿀 수 없는 일은 무엇인가요?

2. 최근 내가 '어쩔 수 없는 일'이라고 느꼈던 경험은 무엇인가요?

3. 삶이 흔들릴 때, 나는 주로 어떻게 반응하나요?

분노에 휘둘리지 않고
나를 지키는 법

누군가의 말 한마디, 예기치 못한 상황 하나에 마음이 요동칠 때가 있다. 그 중심에는 분노가 있다. 분노는 외부에서 오는 듯하지만, 실은 내 안에서 부풀어 오르는 감정이다. 순간적으로 터져 나오는 감정에 휘둘리다 보면, 나는 어느새 나답지 않은 말과 행동으로 자신을 무너뜨리게 된다. 세상이 흔들릴수록 더 단단히 지켜야 할 것은 내 감정의 중심이다. 분노 앞에서도 나를 잃지 않는 법을 배운다는 건, 흔들리는 세상 속에서 나를 지키는 가장 강한 방식이다.

**분노 앞에서도
나는 나를 지킨다**

분노는 인간의 감정 중 가장 다루기 어려운 감정이다. 그것은 느닷없이 솟구치며, 이성의 목소리를 지우고, 사소한 자극도 거대한 적의로 부풀린다. 몽테뉴는 이 감정의 위험성을 누구보다 일찍 깨달은 사람이었다. 그는 평생 자신을 지켜보는 연습을 해왔고 그 관찰의 핵심에 분노가 있었다. 분노는 《에세》 주제에 포함될 정도로 몽테뉴가 깊이 성찰한 감정이었다. 그가 그토록 많은 감정과 행동 중에서 분노를 따로 다룬 이유는 명확하다. 분노가 인간을 가장 쉽게 무너뜨리는 감정이기 때문이다.

> "분노만큼 이성을 흐리고 올바른 판단력을 무너뜨리는 감정은 없다."

누군가에게 일시적으로 분노를 쏟아내는 일보다 더 위험한 건, 그 분노가 나를 통제하게 내버려두는 것이다. 분노에 사로잡히면 대상은 곧 사라지고 감정만이 남는다. 그 감정은 방향을 잃고 나를 해치는 칼이 되기 쉽다.

몽테뉴는 분노를 이렇게 표현한다.

> "분노는 저 혼자 북 치고 장구 치며 부풀어 오르는 감정이다. 잘못된 이유로 흥분한 나머지 누군가 이성적으로

반박하거나 타당한 설명을 해줘도 우리는 그 진실에는 귀를 닫고 엉뚱한 대상을 향해 분노를 터뜨리는 일이 얼마나 많은가."

분노는 그 자체로 고립된 감정이다. 타인의 설명이나 상황의 맥락을 받아들이지 못하고 이미 결론 내린 감정만이 스스로를 키워간다. 그래서 분노에 휘둘린다는 것은 이성을 스스로 내던지는 것이다.

"분노에 사로잡힌 눈으로 보면 작은 결점도 훨씬 크게 보이게 마련이다."

문제는 감정이 지배하는 시선이다. 분노의 눈으로 보면 모든 것이 자극이 된다. 타인의 말투, 표정, 사소한 무심함까지도 오해와 피해의 증거처럼 보인다. 그러나 분노에 잠시 거리를 두면 많은 것들이 오해였다는 사실을 비로소 인정하게 된다.

몽테뉴가 말한 분노하지 않기는 감정을 억누르라는 뜻이 아니었다. 그는 자신도 분노를 느끼고 때로는 드러내는 인간이었다. 그러나 그는 그것을 감정의 전부로 두지 않았다.

"나는 화가 날 땐 빠르게 격렬하게 분노를 표출한다. 하지만 가능한 한 짧게, 그리고 될 수 있으면 남들 모르게 분노를 턴다. 흥분하더라도 이성을 완전히 잃지는 않는다."

그에게 분노는 쌓아둘 것이 아니라 적절히 흘려보낼 것이었다. 억지로 감추거나 애써 참는 것은 오히려 감정이 고여 썩게 만들 수 있다는 것을 그는 경험적으로 알았다.

그는 철저히 자기감정의 동선을 추적하는 사람이었다. 그래서 타인의 삶에 대해서도 감정을 통해 해석하기보다는 이성을 통해 이해하려 했다.

"나는 어떤 작가든, 특히 덕이나 의무를 말하는 작가일수록 그가 어떤 사람인지 삶에서 그것을 어떻게 살아냈는지 세심하게 살펴보지 않고는 읽지 않는다."

그의 관심은 말이 아니라 삶이었다. 분노에 대해 이야기한다면, 그 감정을 어떻게 살아냈는가가 중요했다. 말로는 분노를 부정하면서도 삶에서는 분노에 지배당한다면, 그것은 결국 사유를 실천하지 못한 사람일 뿐이었다.

분노에 휘둘리지 않는다는 것은 감정을 없애는 일이 아니라 그 감정을 통과하며 나를 잃지 않는 것이다. 몽테뉴는 우리에게 말한다. 감정의 파도가 일더라도 그 파도에 나를 내맡기지 말라고. 중심을 잃지 않는다는 건 그 어떤 격정 속에서도 생각하는 나를 지키는 일이다. 그것이 흔들리는 세상 속에서 나를 지키는 가장 단단한 태도다.

**분노를 숨기지 말고
통과하라**

오늘을 살아가는 우리도 분노 앞에서 자주 흔들린다. 분노 공화국이라는 말이 나올 만큼 우리는 분노를 조절하는 데 어려움을 겪는다. 그 감정을 억누르려 애쓸수록 분노는 되레 마음 깊숙이 스며들어 우리를 조용히 잠식한다. 드러내지 않았다고 해서 사라지는 것이 아니기에, 분노는 때로 더 예리한 형태로 되돌아온다.

"사람들은 분노를 숨기려 할수록 오히려 그 감정이 자신 안 깊숙이 배어들게 만든다."

몽테뉴의 말처럼 분노를 감추는 것이 곧 다스림은 아니다.

억눌러둔 분노는 어느 날 예상치 못한 순간에 터져 나오고 그때는 나도, 상대도 쉽게 다치기 마련이다.

진짜 감정 조절은 억제가 아니라 알아차림에서 시작된다. 지금 내가 화가 났다는 사실을 인정하고 왜 그 감정이 생겼는지를 돌아보는 일. 그 한 걸음이 감정의 주인이 되는 첫걸음이다.

우리도 몽테뉴처럼 자신을 지켜보는 연습을 해보자. 감정에 휩쓸리기보다 한 박자 멈춰 자신의 반응을 살피는 것. 분노의 바깥에서 나를 바라보는 것. 그리고 분노의 이면에 있는 상처나 불안을 들여다보는 것. 그렇게 감정을 억누르지 않고 통과할 수 있다면 우리는 분노 속에서도 나를 잃지 않을 수 있다.

분노는 피해야 할 감정이 아니다. 올바르게 마주해야 할 감정이다. 몽테뉴는 우리에게 말한다. 감정은 지나간다. 중요한 것은 그 안에서 나를 지켜낼 수 있느냐는 것이다.

오늘의 사유

분노는 누구에게나 일어나는 감정이지만, 어떻게 반응하느냐는 각자의 몫입니다. 오늘은 당신 안의 분노를 조용히 들여다보는 시간을 가져보세요. 그때 비로소 감정은 당신의 것이 되고, 더 이상 당신을 지배하지 않게 됩니다. 오늘의 감정과 생각을 당신만의 언어로 써보세요. 그 문장은 분노에 휘둘리지 않고 나를 지키는 연습이 되어줄 것입니다.

1. 최근 내가 분노를 느낀 순간은 언제였나요?

2. 나는 평소 분노를 어떻게 다루고 있나요?

3. 분노 뒤에 숨겨진 진짜 감정은 무엇이었나요?

나는 조용히 그러나 단단하게
감정을 다스린다

감정은 소리 없이 삶을 흔든다. 겉으론 평온해 보여도 내면 깊은 곳에서는 분노, 불안, 슬픔이 조용히 일렁인다. 문제는 감정 그 자체가 아니라 그것에 휘둘리는 나의 태도다. 감정을 부정하지 않고, 억누르지도 않으며, 그 흐름을 알아차리고 다스리는 힘. 그것이야말로 세상에 흔들리지 않고 나를 지키는 가장 단단한 방식이다.

**감정을 조용히 흐르게 두되
흐름에 휩쓸리지 않는다**

감정은 누구에게나 있다. 그러나 감정에 지배당하지 않는 사람은 드물다. 일상의 말 한마디, 뜻밖의 상황, 작은 오해 하나가 마음속 깊은 감정을 건드리고 그 파동은 종종 삶의 중심까지 흔들어 놓는다. 하지만 감정은 억누른다고 해서 사라지는 것이 아니다. 몽테뉴는 일찍이 그 사실을 꿰뚫어 보았다. 그는 감정을 부정하거나 무시하지 않았다. 대신 그것을 들여다보고 흐름을 따라가며 그 안에서 자신을 단단히 세우는 법을 익혔다.

> "괴로운 감정을 억지로 억누르기보다는 차라리 밖으로 드러내는 편이 낫다. 감정은 밖으로 흘러나올 때 약해진다. 마음속으로만 품고 있으면 그 날카로운 화살촉이 결국 자신을 찌르게 된다."

그에게 감정을 다스린다는 건 감정을 숨기는 것이 아니었다. 마음속에 고여 썩지 않도록, 스스로 감정을 인식하고 적절한 방식으로 흘려보내는 것. 그것이 오히려 감정을 약화시키는 방법이라고 그는 믿었다. 감정은 감출수록 쌓이고, 쌓일수록 자신을 향해 날카로워진다.

그렇다고 해서 그는 감정을 무방비로 쏟아내지도 않았다.

> "여러 상황을 돌아보면 나는 내 사상보다는 행동에서 더 절제와 질서를 지켰고 이성보다는 감정이 덜 방탕했

음을 알게 된다."

몽테뉴는 자신을 날카롭게 들여다보는 사람이었다. 감정을 느끼되 그 감정에 휘둘리지 않으려 애썼다. 그의 감정 조절 방식은 절제가 아니라 의식에 가까웠다. 자기감정의 움직임을 알아차리고 그것이 나를 무너뜨리지 않도록 조율하는 힘. 그는 그 힘을 매일의 삶 속에서 길러냈다.

"나는 그렇게 격렬한 감정에 휘둘리는 일이 거의 없다. 타고난 성향이 둔감한 데다 매일 이성적 성찰로 감정을 다스려 더욱 무디게 만들고 있기 때문이다."

그에게 감정은 관리해야 할 대상이었다. 정제되지 않은 감정은 삶을 어지럽히고 관계를 손상시키며 자신조차 피로하게 만든다. 그래서 그는 매일 자신을 향해 작은 질문을 던지며 감정을 하나씩 정리해 나갔다. 그것은 참는 것과는 다른 차원의 훈련이었다.

감정을 다스린다는 것은 단지 인내하는 것이 아니다. 때로는 내 안에 치밀어 오르는 복수심이나 억울함, 부당함과 마주하면서도 그것을 행동으로 옮기지 않는 것. 몽테뉴는 그것이 인간의 위대함이라고 말한다.

> "타고난 온유함으로 모욕을 그저 흘려보낼 수 있다면, 그는 충분히 아름답고 칭찬받을 만한 사람이다. 하지만 분노를 불러일으키는 모욕 앞에서 복수의 욕망과 치열하게 싸우고 마침내 이성으로 자신을 다스린 사람은 더욱 위대하다."

감정을 느끼지 않는 사람이 강한 것이 아니다. 느끼면서도 그 감정에 휘둘리지 않는 사람이야말로 진짜 강한 사람이다. 몽테뉴는 그 힘을 조용히, 그러나 꾸준히 길러낸 사람이었다.

그는 말보다 침묵으로, 억압보다 성찰로 감정을 다스렸다. 세상이 흔들릴수록 그는 더 깊이 자신 안으로 들어갔다. 감정을 흘려보내되 휩쓸리지 않도록, 외부의 소란에 물들지 않도록 자신을 단련했다. 그 단단함은 고요한 사유 속에서 만들어진 것이다.

감정을 다스린다는 건 감정을 모르는 척하는 일이 아니다. 감정을 가장 가까운 곳에서 껴안고 살아가는 일이다. 격한 세상 속에서도 자신을 지켜내는 사람은 조용히 자신을 돌보는 사람이다. 몽테뉴는 그렇게 살았다. 우리도 그렇게 살 수 있다.

오늘 하루, 어떤 감정이 나를 흔들더라도 그것이 나를 무너뜨리게 두지 말자. 감정은 지나간다. 하지만 그 감정 앞에서의 나의 태도는 내 삶의 방향을 만든다.

**감정을 느끼되
그에 휘둘리지 않는 법**

감정을 다스린다는 것은 특별한 능력이 아니다. 매일의 작은 연습으로 충분히 길러낼 수 있는 삶의 태도다. 몽테뉴는 거창한 교훈을 말하지 않았다. 대신 그는 일상에서 자신의 감정을 들여다보며 감정이 흐르도록 두되, 그 흐름에 휩쓸리지 않으려 애썼다. 그 모습은, 격한 세상 속에서 자신을 지켜내는 가장 현실적인 방법이 무엇인지를 보여준다.

우리도 그처럼 살아볼 수 있다. 감정이 올라올 때 억지로 억누르거나 덮기보다, 지금 내가 어떤 감정에 놓여 있는지 조용히 인식해 보는 것. 그리고 그 감정을 행동으로 옮기기 전, 한 박자 멈춰 바라보는 것. 이 단순한 연습만으로도 감정은 약해지고, 우리는 단단해진다.

누구나 감정에 흔들릴 수 있다. 하지만 그 감정에 머무는 태도는 스스로 선택할 수 있다. 화가 날 수 있지만 그 화가 나를 무너지게 둘 것인지, 아니면 나를 더 강하게 만들 계기로 삼을지는 내가 결정할 수 있다.

몽테뉴는 그 선택의 순간마다 침묵했고, 성찰했고, 자신을 다듬었다. 오늘 하루, 감정의 흐름 속에서도 자신을 잃지 않으려는 당신의 그 고요한 다짐이 곧 흔들리지 않는 사람으로 가는 길이 되어줄 것이다.

오늘의 사유

오늘은 당신 안에 머무는 감정을 조용히 바라보는 시간을 가져보세요. 감정을 피하거나 억누르지 않고, 지금 그 감정이 어떤 모습으로 자리하고 있는지 살펴보는 일. 행동으로 옮기기 전 잠시 멈추는 그 순간이, 당신을 더 단단하게 만들어 줄 것입니다. 오늘의 감정을 당신만의 언어로 써보세요. 그 문장은 감정에 휘둘리지 않고 나를 지키는 연습이 되어줄 것입니다.

1. 오늘 나를 가장 강하게 흔든 감정은 무엇이었나요?

2. 나는 감정을 억누르는 편인가요, 드러내는 편인가요?

3. 최근 감정적으로 반응했던 순간이 있었나요? 그때 잠시 멈췄다면, 어떤 점이 달라졌을까요?

흔들림 속에서도
나를 지키는 반복의 힘

세상은 늘 변하고 삶은 흔들린다. 하지만 그 속에서도 나를 잃지 않기 위해 반드시 돌아봐야 할 것이 있다. 바로 매일 되풀이하는 생각과 행동이다. 우리는 스스로를 이성적인 존재라 믿지만, 실상은 익숙함에 이끌려 살아간다. 무심코 선택한 말투, 자동으로 반응한 감정, 의식 없이 반복한 행동들. 이 모든 것이 쌓여 결국 지금의 나를 만든다.

삶은 결국
반복이 만든 나다

몽테뉴는 변화와 실험의 철학자였다. 하지만 동시에 반복이 불러오는 무서운 관성을 경계한 성찰자였다. 그는 《에세》 곳곳에서 인간이 얼마나 쉽게 습관에 길들여지고, 그 습관이 결국 이성과 판단력마저 잠식해 버리는지를 끊임없이 지적했다.

> "습관이 정신에 미치는 영향을 보면 그 힘이 얼마나 강력한지 알 수 있다. 습관은 우리의 정신에 큰 저항 없이 스며들어 자리 잡는다. 결국, 우리의 판단과 신념조차도 습관에 의해 좌우되지 않는 것이 없을 정도다."

몽테뉴의 삶은 평탄한 귀족 인생으로만 흘러가지 않았다. 젊은 시절, 그는 법관으로서 사회적 성공을 거두었지만, 어느 날 문득 그 삶이 자신에게 맞지 않음을 자각했다. 결국 그는 돌연 공직을 내려놓고 성안의 탑으로 들어가 은둔을 선택한다. 당시 많은 이들이 의아해했지만, 그에게 이 선택은 반복되는 일상에서 벗어나 자신을 되찾기 위한 결단이었다.

그는 깨달았다. 관성처럼 이어지던 일상과 사회의 기대 속에서 자신이 점점 무너지고 있다는 것을 말이다. 그는 외부의 인정보다 내면의 진실에 귀를 기울이기 위해 자신의 삶을 멈추고 바라보는 시간을 가졌다. 탑 속의 생활은 익숙함의 사슬을 끊고 자신을 재정비하는 고요한 혁명이었다.

"습관은 우리가 모르는 사이에 조금씩 우리 안에서 힘을 키우며 마치 권위를 행사할 발판을 세우듯 자리 잡는다. 처음에는 부드럽고 눈에 띄지 않게 스며들지만, 시간이 지나면서 점점 단단히 고정된다. 그리고 마침내 폭군처럼 우리를 지배하며 우리는 감히 그것을 거스를 생각조차 하지 못하게 된다."

몽테뉴는 반복이 인간을 안정시키기도 하지만, 동시에 마비시키기도 한다는 사실을 누구보다 잘 알고 있었다. 더 두려운 건, 그 습관에 지배당하고 있다는 사실조차 모른 채 살아간다는 점이다. 그래서 그는 사유를 통해 그 무의식적인 반복을 의식의 자리로 끌어올리고자 했다. 그에게 철학이란, 지금 내가 반복하고 있는 것이 과연 나의 것인지 자문하는 성찰의 기술이었다.

"인간의 이성은 우리가 가진 모든 신념과 습관을 마치 염료처럼 일정한 색깔로 물들인다. 그 본질이 무엇이든, 이성은 우리가 가진 기존의 관점에 맞춰 해석하려 한다."

우리는 스스로 이성적으로 판단하고 행동한다고 믿고 싶어 한다. 그러나 실제로는, 오랫동안 반복해 온 감정과 신념의 틀 안에서 생각하고 결정하는 경우가 훨씬 더 많다. 몽테뉴는 이 착각을 경계했다. 우리가 당연시하는 판단과 신념은 진짜 나로부터 비롯된 것이 아니라, 무심코 반복한 타인의 생각이나 사회적 관습일 수 있다. 그렇기에 진정한 나를 지키기 위해서는 먼저 이 반복을 돌아보아야 한다.

무엇을 반복하고, 반복할 것인가에 대한 성찰은 단순한 습관 교정이 아니다. 삶의 방향을 결정짓는 내면의 구조를 다시 짜는 일이다. 작은 말투 하나, 매일의 행동 하나, 무심한 감정 반응 하나. 이 사소한 반복들이 쌓여 결국 나의 태도를 만들고 인생의 질을 결정짓는다.

> "습관은 제2의 천성이며 원래의 기질 못지않게 강하다. 한 번 익숙해진 습관이 사라지면 나는 그것을 내게 꼭 필요한 것으로 느낀다. 내가 지금까지 살아온 삶의 방식이 무너질 바에야 차라리 내 생명을 거두는 것이 낫다고 여길 정도다."

습관은 우리 안에 천천히 뿌리내리며 어느 순간 삶의 중심을 차지한다. 그것이 무너질 때 우리는 마치 자신이 무너지는 것처럼 느낀다. 그만큼 습관은 존재의 방식이자 내면의 형태다.

그러니 지금 내 안에서 반복되고 있는 것들이 나를 지키는 습관인지, 아니면 나를 무너뜨리는 관성인지를 스스로에게 물어야 한다. 세상이 흔들릴지라도 내가 나를 지킬 수 있는 길은 여기에 있다. 삶은 결국, 내가 반복해 온 것들의 총합이다.

나를 지키는 건
내가 매일 반복한 것들이다

몽테뉴의 철학은 우리에게 말한다. 삶을 바꾸고 싶다면, 거창한 결심보다 오늘의 반복을 돌아보라고. 지금 내가 어떤 말을 하고, 어떤 감정에 반응하며, 어떤 행동을 되풀이하고 있는지를 살펴보자. 바로 그 일상의 반복이 나를 만들고, 그 습관이 삶의 방향을 결정짓는다.

우리는 불확실한 시대를 살아간다. 모든 것이 빠르게 변하고, 나 자신조차 놓치기 쉬운 날들이 이어진다. 그럴수록 나를 무너뜨리는 습관과 나를 세우는 반복을 구별하는 일이 중요해진다. 타인의 시선에 휘둘리기보다 나를 단단히 붙드는 작은 루틴 하나, 내면을 돌아보는 사유 한 줄이 삶을 다시 중심에

세우는 힘이 된다.

  몽테뉴처럼 자신을 성찰하고 익숙한 것을 낯설게 바라보는 용기를 낼 때 우리는 흔들려도 무너지지 않는 사람이 될 수 있다. 지금 이 순간에도 나를 지탱해 주는 것은 결국 내가 매일 선택하고 반복한 삶의 방식이다. 그리고 그것이 바로, 나를 지키는 가장 근본적인 내면의 힘이다.

오늘의 사유

오늘은 당신 삶에 스며든 익숙한 반복을 조용히 들여다보는 시간을 가져보세요. 되풀이되는 말, 감정, 행동 중 나를 지켜주는 것은 무엇이고, 오히려 나를 무너뜨리는 관성은 무엇인지 살펴보는 것. 그 사소한 인식이 변화의 시작이 될 수 있습니다. 오늘의 당신을 당신의 언어로 써 내려가 보세요. 그 문장은 삶의 소음 속에서도 당신을 지켜주는 조용한 등불이 되어줄 것입니다.

1. 내가 무심코 반복하고 있는 말이나 행동 중 지금 멈추고 싶은 것은 무엇인가요?

2. 오래된 습관 중 바꾸고 싶은 것이 있다면, 무엇이고 왜 바꾸고 싶나요?

3. 나를 지켜주는 사소한 루틴이나 습관이 있다면, 그것은 무엇이며 어떻게 나를 지켜주고 있나요?

묵묵히 견디는 사람은
조용히 강해진다

버텨야만 하는 시간이 있다. 아무것도 할 수 없고 아무 말도 위로가 되지 않는 순간. 그럴 땐 움직이기보다 멈추고, 말하기보다 조용히 견디는 일이 더 강한 선택이 된다. 견딘다는 것은 무기력함이 아니라 흔들리는 삶 앞에서도 나를 지키려는 가장 깊은 힘이다.

견디는 사람은
조용히 단단해진다

고통에는 말보다 침묵이 어울리는 순간이 있다. 삶은 모든 것을 설명하고 해결하려 들지만 어떤 고통은 그저 지나가길 기다리는 수밖에 없다. 몽테뉴는 그런 시간의 본질을 이해한 사람이었다. 그는 고통을 회피하지 않았다. 도리어 그것을 받아들이고 조용히 통과하는 법을 배웠다. 그에게 견딘다는 것은 자신을 지키기 위한 가장 적극적인 선택이었다.

"의연함이란, 주로 피할 길 없는 어려움을 묵묵히 견디는 과정에서 드러나는 힘이다."

그가 말한 의연함은 어떤 말도 설명이 되지 않는 시간 앞에서 조용히 중심을 지키는 태도였다. 그것은 갑작스레 얻어지는 능력이 아니었다. 고통의 시간을 통과하며 조금씩 단단해진 마음의 근육에서 비롯된 힘이었다.

몽테뉴의 삶에도 견뎌야 할 순간은 많았다. 가장 큰 고통은 친구 라 보에시의 죽음이었다. 누구보다 가까웠던 존재의 죽음 앞에서 그는 무너졌고 긴 시간 깊은 상실의 우물에 머물렀다. 뿐만 아니라 그는 레오노르를 제외한 다섯 자녀를 먼저 떠나보내야 했다. 그러나 몽테뉴는 그 비극적인 상실 앞에서도 비탄에 빠져 주저앉지 않았다. 슬픔을 외면하지 않되 그 감정에 함몰되지 않았다. 그는 삶의 고통을 드러내어 외치는 대신 그 시간을 담담히 받아들이고 조용히 통과해 나갔다.

그는 그 슬픔을 견디기 위해 글을 쓰기 시작했다. 그 글이 쌓여 《에세》가 되었다. 견딘다는 것은 어쩌면 아무것도 할 수 없는 시간에 자신이 할 수 있는 작은 일을 반복하는 것인지도 모른다. 그는 그렇게 고통을 삶의 일부로 받아들였고 그 안에서 자신을 다시 세워갔다.

> "우리에게 필요한 능력은 많지 않다. 단 하나, 견디는 힘이면 충분하다."

그는 우리에게 가르친다. 삶이 버겁고 세상이 뜻대로 되지 않을 때, 그 앞에서 할 수 있는 가장 강한 저항은 버티는 일이라고. 말없이, 그러나 중심은 지키며 무너지지 않아야 한다. 견딘다는 건 수동적인 방어의 시간을 의미하지 않는다. 더 큰 변화를 준비하는 내면의 정리다.

고통이 올 때 우리는 흔히 도망치고 싶어 한다. 고통에서 멀어지면 해결될 수 있다고 생각하기 때문이다. 그러나 몽테뉴는 정면으로 고통을 마주하는 용기를 택했다.

> "나는 고통이 다가오면 그것을 피하지 않고 온전히 겪을 것이다. 두려움으로 고통을 미리 맛보는 어리석음은 피하겠다."

그는 고통을 두려워하지 않았다. 오히려 그것을 경험하고 기록하고 사유함으로써, 삶을 더 깊이 이해할 수 있다고 믿었다. 그의 글에는 통증이 담겨 있었고 그 통증은 이성을 통해 천천히 가라앉아 갔다. 그는 미리 고통을 걱정하지 않았으며 닥친 고통에 휘둘리지도 않았다.

몽테뉴는 의연하게 말한다.

"피할 수 없다면, 우리는 견디는 법을 배워야 한다."

그가 말한 견딤은 더 정제된 반응이고 더 성숙한 수용이다. 세상을 바꾸는 힘이 없을 때 그 세상 속에서 나를 잃지 않는 법을 배우는 것. 그것이 견딘다는 말의 진짜 의미다.

"불행을 견디는 일은 참으로 고된 일이라 생각한다. 그러나 보잘것없는 운명에 만족하고 권세를 멀리하는 일은 그리 어려운 일이 아니다. 내 생각엔, 나처럼 미련한 사람조차도 큰 노력 없이 도달할 수 있는 소박한 미덕이다."

그가 말하는 미덕은 너무 평범해서 우리가 지나치기 쉬운 것들이다. 화려하지 않고, 빠르지도 않지만, 그 미덕은 시간을 견디며 스스로를 무너뜨리지 않는 사람만이 얻을 수 있는 조용한 강인함이다.

견디는 일은 늘 어렵다. 언제까지 견뎌야 할지 가늠하기 어렵기 때문이다. 그러나 그 시간을 지나온 사람은 이전보다 더 깊고 넓어진다. 몽테뉴는 그 시간을 고요히 통과했고 그 고요 속에서 가장 단단한 자신을 만났다. 우리 역시 때로는 견디는 것으로 충분하다. 그 시간은 아무것도 하지 않는 것이 아니라 조용히 나를 지키고 있는 것이다. 그리고 그 침묵의 시간은 언젠가 우리를 가장 강한 사람으로 만들어 줄 것이다.

**말없이 견디는 시간은
결코 헛되지 않는다**

삶에는 누구에게나 고통의 시기가 있다. 뭘 해도 나아지지 않고 아무 말도 위로가 되지 않는 시간. 하지만 그런 때일수록 스스로를 지켜내는 법을 배워야 한다. 몽테뉴는 말한다. 견딘다는 건 무기력이 아니라 자기 자신을 붙드는 가장 강한 방식이라고 말이다.

우리도 그런 경험이 있다. 무력하게 느껴지는 하루를 지나고 아무 성과도 없는 시간을 통과했지만, 시간이 지나고 나면 그 시간 속에 내가 조금 더 깊어졌다는 것을 알게 된다. 바로 그 조용한 시간 덕분에 이전보다 단단해진 나를 발견하는 순간이 온다.

몽테뉴의 철학은 화려하지 않다. 조용하다. 별 특별한 것이 없는 것처럼 느껴지기도 한다. 하지만 조용함에 깊게 스며드는 삶의 지혜가 담겨 있다. 고통을 마주하는 자세도 다르지 않다. 그는 고통을 바꾸려 하지 않았다. 대신 그 안에서 자기를 지키는 법을 배웠다. 우리도 그렇게 살아갈 수 있다. 고통이 올 때마다 무엇을 하려 애쓰기보다 그저 한 걸음 멈춰 스스로를 지켜내는 일. 그것이야말로 가장 성숙한 선택이다.

오늘 하루, 말없이 견디는 당신에게 말해주고 싶다. 그 침묵의 시간이 당신을 더 깊고 단단하게 만들고 있다고. 지금 아무 일도 일어나지 않는 것 같지만 그 고요 속에서 당신은 분명히 자라고 있다고. 몽테뉴처럼 조용하게, 그러나 확실하게.

오늘의 사유

당신 안에 머물고 있는 그 버티는 시간을 들여다보는 시간을 가져보세요. 괜찮다고 말할 수 없었던 순간, 그러나 여전히 버티고 있는 그 자리에서 당신은 분명히 조금씩 자라고 있습니다. 지금의 당신에게 가장 진실하게 다가오는 질문들로 사유를 시작해 보세요. 그 문장들은 침묵의 시간 속에서도 스스로를 지켜낸 당신만의 증거가 되어줄 것입니다.

1. 나는 지금 어떤 것을 묵묵히 견디고 있나요?

2. 아무도 알아주지 않는 고통을 지나온 적이 있나요?

3. 조용히 견디는 시간이 지나고 나서, 나를 더 단단하게 만든 변화는 무엇이었나요?

세상이 흔들려도
나는 나의 의지를 붙든다

세상이 요동칠수록 우리는 마음의 닻을 더욱 깊이 내려야 한다. 그럴 때 붙들 수 있는 마지막 중심은 타인의 시선도, 환경도, 감정도 아닌 바로 나의 의지다. 흔들리지 않는 사람은 없다. 다만 어떤 이는 흔들리면서도 무너지지 않는다. 그들은 바깥의 소용돌이보다 내면의 방향을 더 중요하게 여긴다. 흔들림은 어쩌면 자연스러운 일이다. 그러나 흔들리는 와중에도 끝내 붙들고 있는 단 하나가 있다면, 그것이 바로 나의 길이 된다. 그것이 바로 나의 의지다.

**세상이 요동쳐도
나의 중심은 내 안에 있다**

몽테뉴는 세상이 흔들릴수록 더욱 자기 내면에 깊이 뿌리를 내리던 사람이었다. 그는 외부의 변화에 일희일비하기보다 자신의 의지를 중심축 삼아 살아가고자 애썼다. 유약한 몸, 불확실한 시대, 무수한 상실 속에서도 그가 끝내 놓지 않았던 건 자신의 판단과 선택, 즉 의지였다.

> "우리는 자신이 가진 힘과 능력을 넘어서는 것을 책임질 수 없다. 왜냐하면, 일의 결과나 실행 여부는 우리의 통제 범위를 벗어나 있으며 우리가 온전히 조절할 수 있는 것은 오직 자신의 의지뿐이기 때문이다. 따라서 인간이 지켜야 할 모든 도덕적 원칙은 의지를 바탕으로 세워진다."

이 말은 몽테뉴의 삶과 철학을 관통하는 기준이다. 우리는 세상의 평가를 통제할 수 없고 운명을 바꿀 수도 없다. 그러나 그 안에서 어떤 태도를 보일 것인지는 전적으로 우리의 몫이다. 삶과 세상이 자신을 흔들수록 그는 더 단단하게 자신의 내면을 붙들었다. 의지는 그에게 가장 확실하고 마지막까지 지킬 수 있는 자기 영토였다.

몽테뉴는 남의 판단이나 명령에 따라 움직이지 않았다. 그는 타인의 기대에 따라 인생을 조정하지 않았고 겉으로 보이는 성공보다 내면의 자유를 중시했다. 이러한 태도는 혼란의 시대 속에서 더욱 빛났다. 1588년, 프랑스는 내란의 문턱에 있었다. 당시 국왕 앙리 3세와 신교도 나바르 공(훗날 앙리 4세) 사이의 갈등은 절정에 달해 있었다. 종교와 권력이 얽힌 이 극한의 대립은 프랑스를 또 하나의 내전으로 몰아넣을 위기였다. 그때 누구보다 신중하면서도 신뢰받는 인물로 평가받던 몽테뉴는 양측의 중재자로 나섰다.

그는 나바르 공의 친구였지만 동시에 국왕의 신임도 받고 있었기에 누구보다 중립적인 위치에서 대화를 이끌 수 있었다. 몽테뉴는 갈등을 키우기보다 가라앉히는 길을 선택했다. 자신의 명예나 정치적 이익보다 더 중요한 것은 평화였다. 그는 그 평화를 위해 조용히 움직였다. 외부의 명령이나 압력에 따라 결정하지 않고 내면의 신념과 양심에 따라 행동한 것이다.

이 일은 단지 역사적 에피소드가 아니라 몽테뉴가 자기 의지를 실제 삶에서 어떻게 구현했는지를 보여주는 상징적인 장면이었다.

> "나는 오직 내 마음대로 움직이는 데 익숙한 자유로운 영혼이다. 지금껏 누군가의 명령을 따라 살아본 적이 없

어, 내 걸음과 내 리듬대로 살아왔다."

이 고백처럼 몽테뉴의 삶은 외부가 아니라 내부에서 출발했다. 그는 스스로를 다스릴 수 없는 사람은 결코 세상도 감당할 수 없다고 믿었다. 자기 안의 기준과 리듬에 충실한 삶. 그것이 곧 흔들리는 세상 속에서도 흔들리지 않는 힘의 근원이 되었다.

몽테뉴의 노력으로 프랑스는 일시적으로나마 평화의 숨을 돌릴 수 있었고, 나바르 공은 훗날 낭트 칙령을 통해 종교 갈등을 잠재운 국왕이 되었다. 이 사건은 몽테뉴가 단지 사상가에 머물지 않고 내면의 원칙을 현실 속에서 실천해 낸 철학자였음을 보여준다.

오늘 우리는 몽테뉴가 살던 시대보다 더 많은 지식과 정보를 가지고 있다. 하지만 더 많이 흔들린다. 시대는 빠르게 움직이고 요구는 끝이 없다. 그 속에서 우리는 무엇을 기준 삼아야 할까. 몽테뉴는 이렇게 말한다.

"진정한 성취는 외부에 있지 않다. 자신을 스스로의 주인으로 만드는 것, 그것이 가장 위대한 과업이다."

이 말은 단순한 자기만족이 아니다. 누구도 대신 살아줄 수 없는 인생에서 자기 의지로 삶을 선택하고 감당하는 것이야말로 가장 근본적이고 실질적인 성취라는 뜻이다. 몽테뉴는 명성도 권력도 아닌 자신의 내면을 다스릴 수 있는 능력에 삶의 가치를 두었다. 그래서 그는 평생을 두고 자기 내면을 단련했다. 학문을 외우기보다, 철학을 말하기보다, 삶 속에서 끊임없이 의지를 훈련하고 점검했다.

> "나는 내 영혼에 무엇을 쌓기보다 그 자체를 단련하고 키우고 싶다."

이는 자기 계발의 정수를 보여주는 문장이다. 지식보다 중요한 건 자기 자신을 향한 이해와 훈련이다. 흔들림은 피할 수 없지만 자기 의지로 중심을 다스릴 수는 있다. 그것이 곧 인간이 지닐 수 있는 가장 깊은 존엄이다.

**끝내 나를 지키는 건
나 자신이다**

우리는 끊임없이 무언가를 잃는다. 관계가 떠나고, 기회가 지나가고, 몸과 마음이 예전 같지 않다고 느낄 때 삶은 방향을 잃은 듯 흔들린다. 그러나 몽테뉴는 말한다.

> "나에게 온전히 속한 건 오직 나 자신뿐이다. 그것마저도 빌려 온 것이다. 모든 것이 떠날 때 내 안에서 만족할 무언가를 찾고 싶다."

세상이 아무리 흔들려도 마지막까지 붙들 수 있는 단 하나는 내 안에 있는 나 자신이라는 사실. 그는 그 중심을 의지로 붙들었고 그로써 자신을 잃지 않았다.

오늘의 우리도 마찬가지다. 인생은 통제할 수 없는 변수투성이다. 타인의 기대, 시대의 흐름, 예기치 못한 사건들이 삶을 뒤흔든다. 그러나 그 안에서도 나만의 리듬과 내면의 기준을 단단히 세울 수 있다면 우리는 무너지지 않고 걸어갈 수 있다.

몽테뉴는 이 순간, 감정에 휘둘리지 않고 세상의 소음에 휩쓸리지 않으며 내가 옳다고 여기는 것에 조용히 머물며 살아가야 한다고 속삭인다. 그는 그렇게 살았다. 그리고 오늘의 우리도 그렇게 살아갈 수 있다. 끝내 나를 지키는 힘은 밖이 아니라 내 안에서 시작된다는 것을 기억할 수 있다면.

오늘의 사유

지금, 이 순간 내면을 향해 조용히 귀 기울여 보세요. 견디는 시간은 멈춰 있는 시간이 아니라, 어쩌면 가장 깊이 자라고 있는 시간일지도 모릅니다. 흔들렸지만 무너지지 않았던 나를 기억하며, 지금의 당신에게 가장 진실하게 다가오는 질문으로 사유를 시작해 보세요. 그 문장은 끝내 나를 지켜낸 당신의 내면을 보여주는 조용한 증거가 될 것입니다.

1. 삶이 흔들릴 때, 나는 무엇을 끝까지 붙들고 있었나요?

2. 무기력한 날에도 포기하지 않았던 내 마음은 무엇이었나요?

3. 내가 견뎌낸 그 시간은 지금의 나에게 어떤 의미로 남아 있나요?

흔들릴 때마다
나는 글로 나를 붙든다

삶이 흔들리면 우리는 쉽게 중심을 잃는다. 생각은 엉키고 감정은 제멋대로 요동친다. 그럴 때 도움이 되는 건 화려한 조언도, 거창한 계획도 아니다. 그저 조용히 펜을 들어 지금의 나를 써 내려가는 일. 그 단순한 행위가 혼란 속에서도 나를 붙들어 준다. 말로는 끝내 닿을 수 없는 마음의 깊이를, 글은 천천히 그러나 정확하게 비춘다. 세상이 아무리 요동쳐도 글을 쓰는 그 순간만큼은 흔들리지 않는다. 흩어진 생각을 모으고 흐려진 감정을 가다듬으며 한 줄 한 줄 써 내려간 문장 속에서 다시 나를 세워주기 때문이다.

삶이 흔들릴 때
글은 나를 붙잡는다

몽테뉴에게 글쓰기는 삶의 중심을 붙드는 방식이었고 혼란 속에서도 자신을 지키기 위한 고요한 실천이었다. 많은 철학자가 세상을 향해 질문을 던졌지만 몽테뉴는 세상보다 먼저 자신을 향해 질문을 던진 사람이었다. 그는 《에세》라는 전례 없는 책을 통해 타인을 가르치기보다 자기 자신을 관찰하고 기록함으로써 철학의 새로운 길을 열었다.

> "나는 주로 생각을 그린다. 형태 없이 흘러가는 사유는 행동으로 이어지기 어렵다. 내가 할 수 있는 일은 그 생각들을 목소리라는 가벼운 몸에 담아내는 것뿐이다."

그의 글은 이론이 아니었다. 삶에서 끌어올린 날것의 사유였다. 그는 흘러가는 생각과 감정을 붙들고 그것에 형태를 부여해 글로 남겼다. 혼란스러운 감정, 불완전한 생각, 확신 없는 태도마저도 있는 그대로 적어 내려가며 자신을 이해하고 다시 다듬어 갈 수 있었다.

《에세》는 결국 몽테뉴 자신의 일기장이자 자화상이었다. 그는 자신을 감추지 않았고 흠 없이 꾸미려 하지도 않았다.

"나는 그때그때 떠오른 생각들을 솔직하게 꺼내 놓는다. 아무리 내 안에서 자생한 생각이라 해도 결국 누군가는 그것이 어느 고대인의 생각과 닮았다고 말할 것이다. 그럴 수밖에 없다는 걸 나는 안다."

몽테뉴는 순간순간 떠오른 감정과 사유를 솔직하게 붙잡았다. 글을 쓰는 일은 그에게 자기를 표현하는 방식이자 끊임없이 자신을 되돌아보는 행위였다.

"이 글은 내 자화상의 연장이다. 나는 덧붙이되 고치지는 않는다. 세상에 내놓은 순간, 그것은 더 이상 내 것이 아니다."

그의 글은 완결을 추구하지 않았다. 흩어지고 충돌하는 사유의 흐름을 있는 그대로 기록했다. 그것이 누군가에게는 산만하게 보일지라도 개의치 않았다. 중요한 것은 완벽한 문장이 아니라 정직한 고백이었다. 그렇게 글을 통해 그는 삶의 흔들림 속에서도 다시 자신으로 돌아오는 길을 찾아갔다.
《에세》의 서문에서 그는 이렇게 말한다.

"독자여, 이 책은 있는 그대로 솔직하게 썼다. … 그대를 위해서나 내 명예를 위해 쓰겠다는 마음은 조금도 없었다."

그리고 마지막은 이렇게 마무리된다.

"그러니 독자여, 이 책은 곧 나 자신이다. 이렇게 가벼운 주제에 소중한 시간을 할애하는 것이 마땅한 일인지 다시 한번 생각해 보길 바란다. 그럼, 안녕."

이 짧은 문장들 속에 몽테뉴의 글쓰기 철학이 담겨 있다. 그는 글로 누군가를 설득하거나 존경을 얻고자 하지 않았다. 오히려 글쓰기를 통해 자기 자신을 정직하게 마주했고 삶의 파편들을 하나씩 비추며 기록해 나갔다. 《에세》는 하나의 완성된 작품이기보다 인간 몽테뉴의 삶을 생동감 있게 담은 흔적이다. 그가 말했듯 이 책은 곧 그 자신이었다. 그래서 누군가에게는 하찮고 산만해 보일지라도 그에게는 삶을 붙드는 가장 진실한 형식이었다.

몽테뉴에게 글은 스스로를 열고, 해체하고, 다시 조립하기 위한 치열한 기록이었다. 그래서 그는 단언하듯 말한다. 이 책은 누구를 위한 것도 어떤 명예를 위한 것도 아니며 다만 자신을 잃지 않기 위해 쓴 글이라고.

지금 이 시대를 살아가는 우리에게도 글은 그런 역할을 할 수 있다. 감정이 무너지고 생각이 흐려질 때 말보다 더 정직한 언어가 있다면 그것은 조용히 써 내려간 문장일 것이다. 누구에게 보여주기 위한 글이 아니라 나를 이해하고 지키기 위한 글. 매일의 혼란 속에서도 묵묵히 이어가는 사유의 기록은 언젠가 나를 다시 일으키는 힘이 된다.

글은 스스로를 향한 질문이자 자기 자신에게 건네는 가장 다정한 위로다. 세상이 아무리 흔들려도 글을 쓰는 사람은 자신을 잃지 않는다. 몽테뉴가 그랬듯이.

**흔들려도
다시 나로 돌아오는 글쓰기**

우리는 매일 흔들리는 삶을 살아간다. 감정은 자주 요동치고, 생각은 쉽게 흐트러진다. 그런 날들 속에서 몽테뉴의 글쓰기는 하나의 길을 보여준다. 완벽하려 애쓰기보다 지금 이 순간의 나를 있는 그대로 받아들이고 기록하는 일. 판단하지 않고, 포장하지 않고, 정직하게 나를 마주하는 연습. 그것이 바로 그가 보여준 삶의 방식이었다.

그의 철학을 따른다는 건 거창한 지식을 쌓거나 고상한 문장을 쓰는 일이 아니다. 오히려 조용한 방에서 스스로에게 이렇게 묻는 것이다.

"오늘 나는 어떤 감정에 흔들렸는가?", "그 감정 속에 감춰진 진짜 내 마음은 무엇이었는가?"

그렇게 내 안의 목소리를 따라 써 내려가는 문장은 결국 나를 일으키는 힘이 된다.

우리는 세상을 바꾸지 못할지라도, 스스로를 바라보는 태도는 바꿀 수 있다. 그 첫걸음이 글쓰기다. 몽테뉴처럼 나를 솔직하게 마주하고 어제의 나와 오늘의 내가 다름을 받아들이며 흔들려도 다시 중심으로 돌아오는 연습을 하는 것. 그렇게 우리는 오늘도 글을 쓰며 흔들리지만 무너지지 않는 삶을 살아갈 수 있다.

오늘의 사유

흔들리는 마음을 붙드는 가장 조용한 실천, 그것이 글쓰기입니다. 완벽하지 않아도 괜찮습니다. 지금의 나를 있는 그대로 마주하고, 한 줄씩 적어 내려가 보세요. 그 문장이 소란한 삶 속에서도 당신을 지켜줄 것입니다.

1. 오늘 나는 어떤 감정에 가장 흔들렸나요?

2. 요즘 자주 떠오르는 생각은 무엇인가요?

3. 글을 쓸 때, 나는 어떤 순간에 나를 지켜낸다고 느끼나요?

Montaigne

3장

생각이 멈추는 순간 삶은 방향을 잃는다

앎은 모른다는 자각에서
시작된다

우리는 요약된 정보에 익숙하다. 짧고 빠른 설명, 핵심만 뽑아낸 지식들 사이에서 마치 모든 것을 알고 있는 듯 착각하게 된다. 검색 한 번이면 답이 쏟아지고 긴 사유 없이도 결론에 다다를 수 있다. 하지만 바로 그 익숙함이 생각을 멈추게 할 수 있다.

앎의 시작은
모른다는 자각이다

몽테뉴는 확신보다 질문을 택한 사람이었다. 그는 모든 판단 앞에서 "나는 정말 이것을 알고 있는가?"라고 자신에게 되물었다. 자신이 모른다는 사실을 자각하는 데서 진짜 사유가 시작된다고 믿었기 때문이다.

그 상징적인 장면이 있다. 몽테뉴는 자신의 서재 벽면에 54개의 라틴어 격언을 직접 새겨두었다. 인간의 욕망, 불확실한 삶, 고통과 변화의 본질에 대해 성찰하는 문장들이었다. 그리고 가장 눈에 띄는 위치에 그는 단 하나의 문장을 프랑스어로 남겼다.

> "Que sçay-je?"("나는 무엇을 아는가?")

이 짧은 문장은 그의 사유 전체를 꿰뚫는 질문이었다. 벽면에 새긴 모든 문장은 누군가의 글이었다. 하지만 이 글만은 자신이 썼다. 그는 모든 글쓰기와 판단, 탐구 이전에 반드시 이 물음부터 통과해야 한다고 믿었다. 자신이 안다고 믿는 것들을 다시 의심하고 무지의 문 앞에서 멈춰 섰다. 그 느리고 겸손한 태도가 진짜 지혜로 가는 첫걸음이었다.

> "무지를 벗어나고자 하는 사람은 먼저 자기 무지를 솔직히 고백할 수 있어야 한다."

몽테뉴의 글에는 단언이 없다. 확정 대신 유보, 판단 대신 탐색이 있다. 그는 《에세》라는 이름 아래 완성된 문장을 쓰기보다 미완의 사유를 기록했다. 글쓰기는 스스로를 탐색하기 위한 도구였다. 그래서 그의 문장은 유난히 개인적이고 그만큼 보편적이다.

> "나는 종이나 입을 통해 말할 때 단순하고 자연스러운 표현을 선호한다. 군더더기 없이 예리하고 압축된 말, 지나치게 화려하거나 장식적인 것이 아니라 솔직하고 직설적인 표현이 가장 좋다. … 나는 물가에 머문다. 감히 건널 수 없는 경계를 스스로 아는 것, 바로 그것이 판단력이 지닌 본질적인 자질이며 가장 자랑스러운 덕목이라 할 수 있다."

그는 자신이 알 수 있는 것과 알 수 없는 것을 구분하려 했다. 사물의 본질을 섣불리 단정하지 않았고 어떤 문제든 끝까지 의심했다. 그가 새긴 라틴어 격언에도 같은 의미의 경구가 있다. "내가 아는 것은, 내가 아무것도 모른다는 사실뿐이다." 진리에 도달하기보다 진리를 향해 서성이는 태도, 그것이 몽테뉴가 말하는 지혜였다.

이러한 태도는 지적인 겸손을 의미하지 않는다. 그것은 자기중심적 확신에 빠진 삶을 경계하는 하나의 태도이다. 그는 지식의 일부만 알고 있으면서도 마치 전부를 아는 듯 단언하는 사람들을 가장 경계했다.

> "단언과 고집은 어리석음의 표식이다. 그런 이는 수십 번 실패해도 여전히 확신에 차서 자기주장을 펼친다."

그에게 무지는 죄가 아니었다. 다만 그것을 감추기 위해 포장하거나 타인의 생각을 빌려 자신의 것으로 착각하는 일이 더 큰 오류였다. 그는 당대 철학자들이 끝없는 논쟁 속에서 누가 옳고 그른지를 따지는 모습에 냉소적이었다. 정작 그들이 묻지 않은 것은 "이 생각은 어디서 왔는가?", "나는 왜 그렇게 믿는가?"와 같은 질문이었다.

> "사람들이 근본에 대해 의문을 품지 않는 건 대개 통용되는 생각을 의심해 본 적이 없기 때문이다. 그들은 진실의 뿌리는 건드리지 않고 가지와 잎만 붙잡고 논쟁을 벌인다. 그 생각이 맞는지를 묻기보다 어떻게 해석되었는지만 따진다."

이러한 회의의 태도는 무기력함이 아니라 성찰의 출발점이다. "모른다"라는 말은 종종 나약함처럼 들리지만, 사실은 가장 용기 있는 고백이다. 현대인은 너무 많은 것을 안다고 여기지만, 정작 "나는 무엇을 모르는가?"라는 질문은 생략한 채 살아간다.

몽테뉴는 그 질문을 서재의 가장 중심에 두었다. 그가 평생 붙들었던 한 문장, "나는 무엇을 아는가?"는 사유의 나침반이었고 글쓰기의 기준이었으며 존재의 진실에 이르는 문이었다.

오늘 우리도 스스로에게 물어야 한다.

"나는 정말 알고 있는가, 아니면 안다고 믿고 있는가?"

이 질문은 지혜의 시작이며 자기를 지키는 힘이기도 하다. 지식의 무게보다, 질문의 깊이를 갖는 삶. 그것이 흔들리지 않는 나만의 판단을 가능하게 만든다.

**지식보다 중요한 것은
질문을 멈추지 않는 태도다**

우리는 안다고 여기는 순간 더 이상 묻지 않는다. 그러면 생각은 멈추고 삶은 굳는다. 하지만 몽테뉴는 그 반대였다. 그는 사유의 길 위에서 멈추지 않고 물었다. "나는 무엇을 아는가?" 이 물음은 그의 사유를 이끈 나침반이었다.

오늘을 살아가는 우리도 질문이 필요하다. 정보가 넘쳐나는 시대일수록 "이게 정말 진실인가?"라는 자문은 더 절실하다. 우리는 너무 쉽게 안다고 믿고, 너무 쉽게 판단하며 그 속에서 타인과 자신을 오해한다. 하지만 그 믿음의 밑바탕을 들여다보면 대부분은 타인의 생각을 빌려 온 채 내 것으로 착각한 것들이다.

> "가장 지혜로운 사람은 '무엇을 아느냐'라는 질문에 이렇게 답했다. '나는 아무것도 모른다는 것을 안다.' 그가 말한 건, 우리가 안다고 여기는 것 대부분이 사실은 우리가 모르는 것 가운데 극히 일부라는 사실이다."

이 깨달음은 우리에게 이렇게 속삭인다. 지금 내가 품고 있는 확신은 언제든 흔들릴 수 있으며, 삶은 끊임없이 다시 배우고 다시 묻는 과정이라는 사실을. 결국 우리를 성장하게 만드는 건 많이 아는 지식이 아니라 모른다는 것을 두려워하지 않는 태도다.

오늘의 사유

모른다는 자각은 지혜로 가는 문입니다. 당신만의 언어로 그 문 앞에 머물러 보세요. 어쩌면 지금 이 글쓰기가 당신만의 'Que sçay-je?'가 되어줄지도 모릅니다.

1. 최근 내가 확신하며 이야기한 것은 무엇이었나요?
   그 확신은 스스로 사유한 결과였나요, 아니면 익숙한 지식이었나요?

2. '모른다'고 인정했던 경험이 있나요? 그때 나는 어떤 걸 느끼고 배웠나요?

3. 지금 내 안의 확신 하나를, 처음부터 다시 질문해 본다면 무엇이
   달라질까요?

단정은
사유를 멈추게 한다

우리는 종종 너무 쉽게 단정하고 너무 빨리 결론을 내린다. 납득하지 못해도 판단하고, 이해하지 못한 채 옳고 그름을 나눈다. 문제는 바로 거기에 있다. 사유는 머무름에서 시작되지만, 단정은 그 여지를 지워버린다. 그러기에 지금 내가 믿는 것이 정말 옳은지 묻는 일이 필요하다. 그 한 걸음의 유보가 우리 생각의 폭을 넓히고 삶의 방향을 바꾸는 출발이 된다.

사유는
판단의 유보에서 시작된다

몽테뉴의 철학을 한마디로 표현하면 '에포케^{epoche}', 즉 판단의 유보다. 그는 회의주의자였다. 회의주의란 의문을 품는 태도이며 자신이 안다고 믿는 것마저 끊임없이 의심하는 자세다. 몽테뉴는 이 태도를 삶의 중심에 두었고 '에포케'가 새겨진 메달을 만들어 걸고 다녔다.

> "이해할 수 없다고 해서 그것을 가볍게 무시하는 태도는 단순한 무모함을 넘어, 위험하고도 심각한 오만이다."

우리는 불확실한 세계 속에 살아간다. 인간은 언제나 불완전한 인식의 틀 안에 갇혀 있고 어떤 경험도 단번에 진실에 도달할 수 없다. 그렇기에 몽테뉴는 성급한 판단보다 멈춤이 필요하다고 말한다. 판단을 보류하고 사유의 여지를 남겨두는 일. 그는 바로 그 멈춤 속에서 더 깊은 이해가 시작된다고 믿었다.

몽테뉴는 법관이었다. 그는 수많은 사건을 마주하며 섣부른 단정이 얼마나 쉽게 오판으로 이어지는지를 누구보다도 절감했다. 단정은 권력을 낳고, 타인을 규정하며, 결국 스스로를 속이게 만든다. 그는 지혜란 판단을 내리는 데 있지 않고 오히려 유보하는 데 있다고 보았다. 그래서 《에세》에는 단호하게 단정하는 어떤 주장도 없다. 그는 심지어 자신의 생각조차 끊임없이 의심했다.

"나는 떠오르는 생각을 자연스럽게 풀어놓는 방식을 따른다. 그런데 때때로 훌륭한 작가들이 내가 다루려던 주제에 대해 깊이 있게 논한 글을 우연히 발견하면 나 자신의 부족함과 어리석음을 절감하게 된다. 그럼에도 내 의견이 그들과 일치할 때면 큰 기쁨을 느끼며, 적어도 멀리서나마 그들의 뒤를 따르고 있다는 사실이 위안이 된다."

그는 자신의 글이 결코 완성된 형태가 아님을 알고 있었다. 판단이란 언제나 부족하고 불완전하다는 사실을 받아들이는 태도, 그 안에 진정한 사유의 씨앗이 있다. 판단을 유보할 줄 아는 사람은 자신이 모른다는 것을 인정할 줄 아는 사람이며 그런 사람만이 진실에 조금씩 가까워질 수 있다.

"판단력의 결함은 남이 우리의 실수를 지적해 주었을 때조차 그것을 알아보지 못하는 데 있다. 판단력이 없어도 학식이나 진실이 우리 안에 있을 수 있고, 그 반대로 학식이나 진실 없이도 판단력은 존재할 수 있다. 나아가 무지를 인정하는 태도야말로 내가 아는 한, 가장 고귀하고 확실한 판단력의 증거 중 하나다."

몽테뉴의 사유는 언제나 열린 채로 머물렀다. 그는 하나의 결론보다 질문을 중시했고 철학을 진리를 향한 도달이 아니라 사유의 자세로 이해했다. 우리 역시 그처럼 판단하기보다 멈추는 연습이 필요하다. "내가 지금 내린 판단은 과연 옳은가?" 이 질문을 스스로에게 던질 수 있을 때, 우리는 더 깊은 이해의 문턱에 설 수 있다.

세상은 불확실하고 복잡해지고 있다. 사람은 더 복잡하다. 삶은 흑백처럼 분명하지 않으며 인간의 마음은 단 하나의 이유로 움직이지 않는다. 그렇기에 때로는 단정하지 않는 자세, 말하지 않는 지혜가 필요하다.

> "납득할 수 없다면, 적어도 성급한 판단은 미루어야 한다. 어떤 일이 불가능하다고 단정하는 것은 마치 가능성의 한계를 스스로 규정할 수 있다고 믿는 오만함에 지나지 않는다."

삶의 진실은 대개 말의 끝이 아니라 침묵의 여백 속에 깃들어 있다. 잠시 멈추어 묻는 일, 그 한 걸음의 유보가 때로는 말보다 더 많은 것을 말해준다. 단정하지 말고 머물라. 그 자리에 사유는 조용히 뿌리내린다.

한 걸음 멈추는 삶, 그곳에 지혜가 있다

우리의 일상은 판단으로 가득하다. 누군가의 말투 하나, 표정 하나에 상처받고, 스스로의 결정 하나에도 끝없는 후회를 반복한다. 때로는 그 판단이 너무 성급했고 너무 단정했음을 뒤늦게 깨닫는다. 하지만 몽테뉴는 말한다. 그럴 땐 나를 탓하기보다 한 걸음 멈추는 연습을 다시 시작하라고. 단정보다 더 용기 있는 태도는 "모르겠다"라고 말하는 것이라고.

살다 보면 모든 걸 분명히 알 수 없고 모든 사람을 온전히 이해할 수도 없다. 그러니 때로는 판단 대신 유보를, 확신 대신 질문을 품고 살아가자. 누군가를 쉽게 재단하지 않고 나 자신조차 단정하지 않는 마음. 그것이야말로 오늘을 덜 상처받고, 내일을 더 부드럽게 살아가는 방식이다. 몽테뉴처럼 말이다.

결론을 미루고, 질문을 남기며, 여백을 가진 사람. 그의 삶은 우리에게 말해준다. 진짜 지혜는 강한 말보다도 말하지 않는 태도에서 피어난다는 것을. 그렇게 우리도 조금 더 따뜻하게 살아갈 수 있다.

오늘의 사유

오늘은 조급한 판단을 잠시 내려두고, 내 마음속에서 무르익은 결심이 무엇이었는지 들여다보세요. 삶의 방향은 정답보다 나를 이해하려는 질문 속에서 더 분명해집니다. 아래 질문을 따라 당신의 결심을 천천히 들여다보는 글을 써보세요. 그 문장은 아직 결정되지 않은 마음에 조용한 바탕이 되어줄 것입니다.

1. 최근, 어떤 결정을 너무 빨리 내렸던 적이 있나요?

2. 지금 고민 중인 선택은 정말 내 마음이 원하는 방향인가요?

서재, 나를 가다듬는
사유의 방

삶이 흔들릴 때, 우리는 조용히 머무를 공간이 필요하다. 말하지 않아도 되고, 설명하지 않아도 되는 자리. 바깥세상의 속도에서 잠시 물러나 나를 가다듬을 수 있는 곳. 누군가에겐 책상 앞, 누군가에겐 마음속 고요한 틈일 수 있다. 그곳에서 우리는 생각을 다듬고 마음을 정리하며 다시 삶의 중심으로 돌아갈 준비를 한다. 아무것도 하지 않아도 괜찮은 그 고요 속에서 비로소 나를 다시 만나는 것이다. 흔들리던 마음도 그 자리에 잠시 머물며 조금씩 가라앉는다. 그렇게 우리는 다시, 앞으로 나아갈 힘을 조용히 되찾는다.

**54개의 문장을 새긴 방,
나를 단련한 공간**

몽테뉴의 삶은 언제나 격랑 속에 있었다. 그가 살던 시대는 전염병과 종교 전쟁, 정치적 혼란으로 뒤덮여 있었다. 친구의 죽음, 가족의 상실, 병든 몸까지. 그의 일상은 불안과 상실, 예측할 수 없는 외부 자극으로 가득했다. 그러나 그런 흔들림 속에서도 그는 단단함을 잃지 않았다. 그 단단함은 화려한 결단이 아니라 자신만의 서재에서 매일 반복된 고요한 사유에서 비롯되었다.

> "나는 삶의 대부분을 서재에서 보낸다. 하루 중 가장 많은 시간을 그곳에서 보내지만, 밤에는 머물지 않는다."

그는 낮에는 서재에 머물며 읽고, 쓰고, 사유했다. 그러나 밤이 되면 서재를 떠났다. 사유는 한 장소에 갇혀 있어서는 안 된다는 자유로움, 그리고 자신을 몰아세우지 않으려는 유연함이 그의 삶의 방식에 배어 있었다. 그는 어떤 지적인 열망도 강박으로 만들지 않았고 사유를 놀이처럼 즐겼다.

그의 서재의 기둥과 들보에는 무려 54개의 라틴어 문장이 새겨져 있었다. 가장 눈에 띄는 문장은 '판단을 유보하라'

는 말이었다. '나는 예전의 내가 아니다', '미래에 대해 최소한으로 믿어라(오늘을 즐겨라)', '사는 법을 배우되, 죽음을 생각하라' 등도 눈에 띈다. 그는 삶과 독서 속에서 길어 올린 통찰의 문장을 새겼다. 그는 이 문장들을 삶의 문장이라 불렀다. 단지 장식하거나 인용하기 위해 새긴 것이 아니었다. 판단을 미루는 훈련, 무지를 자각하는 태도, 죽음을 인식하는 통찰, 감정과 충동 너머를 바라보는 시선을 거기에 새겨 넣었다. 그 문장 하나하나를 삶의 기준으로 삼고, 마음에 새기며 살아가려 한 것이다.

그에게 서재는 책을 읽는 자리를 넘어, 인간을 깊이 들여다보고 세상을 넓게 조망하는 사유의 무대였다.

> "자기 집 안에 자신만의 공간, 온전히 자기 자신으로 머무를 수 있는 장소가 없는 사람은 참으로 불행하다. 그곳은 세상 앞에서 벗어나 나를 위한 안식처가 되어야 한다."

이 문장은 단순히 장소를 뜻하지 않는다. 그것은 세상과의 거리를 조절하며 자기 자신을 되찾는 내면의 공간을 의미한다. 몽테뉴에게 서재는 외부로부터 자신을 지키는 방패였고 내면을 정리하는 훈련소였다.

그곳에서 그는 책을 읽었다. 그러나 책을 맹신하지는 않았다. 그는 책을 거울삼아 자신을 비추었고 그 너머의 세계를 향해 다시 나아갔다.

> "책은 내 인생의 길 어디서나 함께한다. 나이 들어 혼자일 때도 나를 위로해 주고 지루함의 무게를 덜어주며 불쾌한 사람들로부터 멀어지게 해준다."

책은 그에게 위안이자 도전이었다. 어떤 날은 책 속 한 문장에서, 또 어떤 날은 문득 스쳐가는 상상에서 사유를 시작했다. 그는 책을 덮고, 떠오른 생각을 따라 글을 써 내려갔다. 책은 단순한 지식의 도구가 아니라 자기 자신을 끊임없이 되돌아보게 만드는 성찰의 촉매였다.

> "내게 책은, 자기 성찰에서 벗어나 잠시 쉬어가는 기분 전환 같은 것이다. 내 정신은 무언가 떠오르면 온갖 방향으로 달려가 보며 그 생각의 힘을 시험한다. 때로는 강렬하게 때로는 우아하게 자신의 능력을 펼쳐 보인다. 그렇게 정신은 스스로를 정리하고 조율하며 더욱 단단

해진다."

이 자유롭고도 깊이 있는 정신의 흐름이 곧 몽테뉴적 사유 방식이다. 그는 결론보다 질문을, 이론보다 경험을 중시했다. 삶의 해답을 밖에서 찾기보다 자신 안에서 조용히 길어 올렸다. 그 모든 과정이 이루어진 곳이 바로 서재였다.

서재는 그에게 철학의 시작이자 끝이었다. 밖의 세계가 아무리 시끄러워도 그는 그 고요한 공간 안에서 조용히 자신과 마주했고 스스로의 삶을 다시 정돈해 갔다. 그곳에서 그는 자기만의 질서를 세우고 누구보다도 조용한 방식으로 사유의 깊이를 더해갔다.

**지금,
조용히 나를 위한 공간으로 들어가라**

오늘을 살아가는 우리에게도 몽테뉴의 서재는 하나의 상징이 된다. 흔들리는 세상 속에서 중심을 지키기 위해 반드시 거창한 철학이나 화려한 해답이 필요한 것은 아니다. 때로는 조용히 머물 수 있는 한 평 남짓한 공간, 감정을 가라앉히고 생각을 정돈할 수 있는 나만의 서재 같은 장소가 더 큰 힘이 된다. 그것이 물리적 공간이든, 마음속 고요한 틈이든 상관없다.

오늘의 우리는 넘치는 정보 속에 살고 있지만, 정작 혼자 깊이 사유할 시간은 점점 줄어들고 있다. 끊임없이 무엇인가를 말하고, 만들어 내고, 연결되어야 하는 시대 속에서 멈춰 생각하는 일은 사치처럼 여겨진다. 하지만 그 몇 분의 고요가 우리를 다시 제자리로 이끈다.

하루 중 단 몇 분이라도 자신을 위한 사유의 시간을 가져보자. 책 한 권, 문장 하나를 곱씹는 시간만으로도 내면은 조금씩 정리되고 사유는 깊이를 얻는다. 서재란 결국 나를 잃지 않기 위해 나를 다시 부르는 장소다.

그곳에서 우리는 다시 생각할 수 있다. 남의 말이 아닌 내 생각, 세상의 속도가 아닌 내 속도로. 오늘의 감정을 기록하고, 어제의 흔들림을 돌아보며, 아직 오지 않은 내일을 조심스럽게 상상해 보는 자리. 그곳에서 우리는 삶의 방향을 다시 잡는다.

오늘의 사유

오늘 하루, 당신만의 조용한 서재로 들어가 보세요. 그곳이 책상 위든, 마음 속 한 구석이든 괜찮습니다. 중요한 건 그곳에서 생각의 속도를 늦추고, 내면의 목소리를 들을 수 있다는 점입니다. 아래 질문을 따라 문을 열고, 천천히 당신의 중심으로 들어가 보세요.

1. 요즘 나는 '조용히 머무는 시간'을 갖고 있나요?
   없다면, 왜 잃어버렸을까요?

2. 지금 나에게 가장 필요한 '생각의 방'은 어떤 모습인가요?

3. 오늘 나를 가장 흔들리게 했던 일은 무엇이었나요?

나는 오래된 책에서
삶을 배운다

빠르게 쏟아지는 정보 속에서 우리는 끊임없이 새로운 것을 찾는다. 하지만 때로는 고전이 더 깊은 위로와 지혜를 선물하기도 한다. 오래된 문장 속에는 세월을 견뎌낸 사유의 무게가 담겨 있고 시대를 뛰어넘는 인간의 본질이 조용히 숨 쉬고 있다. 익숙하지 않은 언어, 낯선 문장이지만 마음을 가만히 열고 들여다보면 지금의 나를 비추는 거울이 되어준다. 화려하진 않지만 단단한 문장들, 그것이 고전이 오랫동안 사랑받아 온 이유다.

**시간이 남긴 문장에서
사유의 깊이를 배우다**

몽테뉴는 누구보다 고전을 사랑한 사람이었다. 유행하는

새로운 책보다 오래된 문장을 더 자주 찾았고 그 안에서 삶의 뿌리를 다졌다.

> "새로 나온 책들보다는 오래된 책들이 더 풍부하고 깊은 맛이 있어서 나는 그것들을 더 자주 찾는다."

그에게 책은 지식을 쌓기 위한 수단도, 교양을 뽐내기 위한 장식도 아니었다. 책은 그에게 사유의 통로였고 자신이 어떻게 살아왔고 앞으로 어떻게 살아야 할지를 묻게 하는 거울이었다.

그가 책을 유난히 소중히 여겼던 데는 특별한 이유가 숨어 있다. 그의 서재에는 천여 권의 책이 있었다. 그중 상당수는 평생의 친구 라 보에시가 남긴 책이었다. 그는 책장을 넘길 때마다 친구의 흔적을 따라가며 그와 나눴던 대화와 정신의 결속을 되새겼다. 책은 추억이자 위안이었고 동시에 깊은 성찰의 계기였다.

그래서 그는 특히 고전에 애정을 쏟았다. 시간을 건너 지금 내 앞에 도달한 문장들은 그 자체로 경외의 대상이었다. 그런 책을 통해 그는 더 오래, 더 깊이 자신과 삶을 성찰할 수 있었다.

그렇다고 책의 노예가 되지는 않았다. 읽는 속도나 양에 집착하지 않았고 모든 문장을 억지로 이해하려 애쓰지도 않았다.

"책을 읽다가 어려운 부분을 만나면, 나는 조급해하지 않는다. 두세 번 시도해 보다가 이해가 되지 않으면 그대로 덮어둔다. 거기에 얽매이다 보면 길을 잃고 시간만 낭비하게 될 테니까."

그에게 독서는 즐거움이어야 했다. 의미를 짜내려 애쓰는 순간, 정신은 오히려 흐려진다. 그래서 마음이 따르지 않을 땐 과감히 책을 덮고 자신을 환기시켰다.

그가 특히 애정한 장르는 역사였다. 사건보다 사람의 내면을 파고드는 글에서 더 많은 깨달음을 얻었다. 그는 인간을 가장 깊이 이해하게 해주는 책으로 플루타르코스의 글을 꼽았다.

"역사책은 내게 딱 맞는 정통 직구다. 흥미롭고 쉽다. 그리고 그 안에는 인간 존재의 다양한 내면과 그 진실, 그리고 그것들이 하나의 삶을 이루는 복잡한 방식들이 너무나 생생하게 드러난다."

몽테뉴의 독서는 곱씹고, 메모하고, 마음에 새기는 일이었다. 기억력이 약했던 그는 책의 마지막 장에 읽은 날짜와 느낀 점을 적어두었다. 수년 후 같은 책을 다시 읽고 또다시 감동하는 자신을 돌아보며 웃음을 지었다. 그는 책을 통해 자신이 어떻게 변화하고 있는지를 확인했다.

몽테뉴에게 독서는 삶의 반영이자 삶을 돌보는 연습이었다. 책은 그가 죽음을 사유하게 했고, 자신을 바라보는 태도를 단련하게 했다.

"아무리 가치 있는 일이라도 어떤 목적을 위해서도 머리를 쥐어짜고 싶지는 않다. 책을 통해 그저 소박한 기쁨을 누리며 즐겁게 몰두할 수 있으면 그것으로 충분하다. 내가 얻고자 하는 건 나를 더 잘 이해하게 해주는 지식, 그리고 잘 살고 잘 죽는 법을 가르쳐주는 지식뿐이다."

그에게 책은 내면을 정돈하고 사유를 깊게 해주는 동반자였다. 그는 고전 속에서 오래된 질문을 끌어올리고 그 질문으로 오늘의 삶을 다시 들여다보았다. 고전은 그에게 정답을 주기보다 더 좋은 질문을 건네는 존재였다.

지금 우리에게도 고전은 삶을 배우는 좋은 길잡이가 될 수 있다. 당장은 이해되지 않는 문장이라도 마음이 준비되었을 때 다시 꺼내 읽으면 전혀 다른 울림으로 다가온다. 책은 늘 같은 자리에서 우리를 기다리고 있다. 그 속에서 우리는 다시, 자신과 마주할 수 있다.

**시간을 견딘 문장이
나를 일으킨다**

오늘을 살아가는 우리에게도 고전은 여전히 따뜻한 등불이 될 수 있다. 빠른 정보와 즉각적인 해답이 넘쳐나는 시대일수록 고전 속 문장을 곱씹는 일이 더 절실해진다. 고전 속에는 세월의 검증을 이겨낸 사유의 무게와 인간 본질에 대한 깊은 통찰이 담겨 있다. 그런 문장들은 삶의 속도를 늦추게 하고 다시 나 자신에게로 방향을 돌리게 한다.

지금 우리는 너무 많은 것을 알고, 너무 빠르게 판단하며, 너무 쉽게 잊는다. 이런 우리에게 고전은 정답을 주지 않는다. 다만 묵직한 질문 하나를 남긴다. 그리고 그 질문은 우리를 다시 자신에게로 이끈다. 삶은 예기치 않게 흔들리고 우리는 그 흔들림 속에서 길을 잃기도 한다. 그럴 때 한 줄의 문장이 나침반이 되어 다시 방향을 잡게 해줄 수 있다.

몽테뉴는 말한다. 책을 억지로 삼키지 말고 의미를 조급히 끌어내려 하지 말라고. 마음이 준비되면 문장이 먼저 말을 걸어온다고.

그러니 우리도 더 이상 책 앞에서 초조해하지 않아도 된다. 천천히 읽고, 오래 곱씹으며, 마음에 스며드는 문장을 기다리면 된다. 그렇게 책을 삶처럼 읽고 삶을 책처럼 돌아보는 일, 그것이 오늘을 살아가는 우리에게 몽테뉴가 건네는 진짜 독서의 철학이다.

오늘의 사유

오늘은 책 한 권이 아니라 문장 한 줄에 집중해 보세요. 그 문장을 천천히 되새기며 그 안에서 지금의 나를 비추어 보는 시간을 가져보는 것입니다. 고전이 우리에게 남긴 질문을 당신의 삶으로 이어갈 수 있다면, 그 문장은 당신만의 등불이 될 것입니다.

1. 오늘 나를 멈춰 세운 문장이 있다면, 그것은 어떤 의미로 다가왔나요?

2. 고전에서 만난 문장이 내게 던진 질문은 무엇이었고,
   나는 어떤 대답을 하게 되었나요?

3. 나는 책을 통해 무엇을 얻고 싶나요?

대화는 나를 확장하는
사유의 연습이다

혼자 생각할 때 우리는 종종 자기 안에서만 맴돈다. 익숙한 논리, 익숙한 관점 속에서 사고는 쉽게 닫히고 만다. 하지만 타인과의 대화는 그 고립된 생각에 작은 틈을 낸다. 말이 오가는 사이, 자신이 미처 인식하지 못했던 생각과 마주하게 되고, 전혀 다른 관점과 연결되며 시야는 서서히 넓어진다. 대화는 생각을 정리하고 확장하는 지적인 연습이다. 내 안의 사유를 깨어나게 하고 나를 낯설게 바라보게 만드는 살아 있는 철학의 현장이다.

사유는
혼자일 때보다 함께일 때 더 깊어진다

몽테뉴는 침묵 속에 자신을 가두는 철학자가 아니었다. 그는 고독을 통해 내면을 성찰하면서도 끊임없이 타인의 언어에 귀 기울였다. 그리고 그 언어 속에서 자신의 사유를 넓히고 다듬어 갔다.

> "나는 대화를 통해 항상 무언가를 배우려 노력한다. 대화야말로 세상에서 가장 훌륭한 배움의 장 중 하나이기 때문이다."

그에게 대화는 단순한 의견 교환이 아니라 나를 열고 타인을 받아들임으로써 더 나은 사유에 이르기 위한 철학의 공간이었다. 공직을 내려놓고 성안의 탑으로 들어간 이후에도 그는 완전한 고독을 추구하지 않았다. 책과 나누는 사유, 주변 사람들과의 나눔 속에서 그는 끊임없이 자신을 갱신했다.

《에세》는 홀로 앉아 써 내려간 기록이지만, 그 문장들 속에는 수많은 대화의 흔적이 담겨 있다. 그는 독자와 대화하듯 글을 썼고 고대 철학자들과의 사유를 오늘의 질문으로 끌어와 자신만의 언어로 다시 풀어냈다.

특히 키케로와 세네카는 그의 정신적 동반자였다. 키케로에게선 대화의 미덕과 사유의 섬세함을 세네카에게선 죽음과 감정의 통제라는 스토아적 통찰을 배웠다. 플루타르코스를 통해서는 인간 본성의 다면성과 모순에 대한 깊은 이해를 얻었다.

몽테뉴에게 대화란 자기 생각이 흔들리는 과정을 기꺼이 받아들이는 실험의 장이었다.

> "사람들은 반대 의견이 나오면 그 말이 옳은지를 생각하기보다 어떻게든 그 상황에서 벗어나려 한다. 우리는 팔을 벌려 의견을 받아들이기보다 발톱을 세운다."

그는 이러한 방어적 태도를 경계했다. 나의 확신이 깨질지라도 타인의 언어를 온전히 받아들일 수 있어야 진짜 사유가 시작된다고 믿었다. 상대를 논파의 대상으로 삼는 것이 아니라 사유의 동반자로 마주하는 것. 몽테뉴의 태도는 대화 자체를 철학적 수행의 자리에 놓았다.

그가 대화를 대하는 태도의 핵심은 정직함이었다. 아는 것과 모르는 것을 구분하고 허세를 부리지 않으며 진심으로 자신을 드러내는 사람과의 대화 속에서만 사유는 살아난다고 믿었다.

> "나는 나를 두려워하는 사람보다, 거리낌 없이 말하는

사람과 어울리고 싶다."

그에게 대화란 단지 말의 유희가 아니라, 자기 자신을 조율하고 성장시키는 진지한 정신의 훈련이었다.

> "내 생각에 인간 정신의 가장 풍요롭고 자연스러운 훈련은 대화다. 나는 이것이 인간이 할 수 있는 일 중 가장 달콤한 경험이라 믿는다. 그래서 만약 나에게 선택의 순간이 온다면, 말하고 듣는 능력을 잃느니 차라리 시력을 잃는 쪽을 택하겠다."

이 고백은 몽테뉴에게 대화가 어떤 의미였는지를 극적으로 드러낸다. 그는 대화를 통해 자신의 한계를 인식했고 새로운 관점을 수용하는 법을 배웠다. 그리고 그 과정에서 자신을 더욱 깊이 이해하게 되었다.

몽테뉴는 혼자 사유하는 인간이 아니라, 함께 사유하는 인간이었다. 그는 대화를 통해 자기 생각의 경계를 확장했고 낯선 질문과의 마주침 속에서 더 넓은 사유의 세계로 나아갔다.

지금의 우리에게도 그의 메시지는 여전히 유효하다. 혼자만의 생각에 갇히지 말고 타인의 언어와 마주하라. 진정한 대화는 나를 낯설게 만들고 그 낯섦은 나를 더욱 깊은 나로 이끌어 준다.

**대화는 타인을 향한
사유의 첫걸음이다**

대화가 단지 말의 기술이 아니라 내면을 확장하는 연습이라면, 지금의 나는 누구와 어떻게 말을 나누고 있는가를 돌아봐야 한다. 요즘 우리는 너무 쉽게 말을 끊고, 너무 자주 단정하며, 진짜 듣기보다는 말할 준비에만 몰두하곤 한다. 생각의 다름을 불편해하고 침묵보다 빠른 판단에 익숙해졌다.

> "말은 절반은 말하는 사람의 것이고, 절반은 듣는 사람의 것이다. 듣는 이는 말을 온전히 받아들일 준비가 되어 있어야 한다."

대화는 단지 말을 건네는 행위가 아니다. 상대의 세계에 조심스럽게 발을 디디는 사유의 실천이다.

몽테뉴는 대화는 경계를 부드럽게 넘나들며 이해를 향해 다가가는 시도라는 것을 말해준다. 상대의 말에 머무를 줄 아는 연습, 다름 앞에서 발톱을 감추고 팔을 여는 태도, 그것이 곧 사유를 단단하게 하고 관계를 깊게 만든다.

이제부터는 대화할 때 조금 더 천천히 듣고, 조금 더 정직하게 말해보자. 그 작은 실천이 우리가 자기 자신과 타인을 더 깊이 이해하는 첫걸음이 되어줄 것이다.

오늘의 사유

오늘 당신 안에서 오간 대화의 방향을 천천히 더듬으며 그 속에 깃든 사유와 감정을 당신의 언어로 적어보세요. 그 글은 지금의 당신을 가장 진실하게 보여주는 하나의 거울이 되어줄 것입니다. 한 사람과의 대화에서 시작된 작은 흔들림이, 당신의 내면을 확장하는 사유의 첫걸음이 될 수 있습니다.

1. 오늘 나눈 대화 중 가장 오래 마음에 남은 말은 무엇이었나요?

2. 나는 최근 어떤 대화에서 진심으로 듣고 있었나요,
   아니면 말할 준비만 하고 있었나요?

3. 그 대화 속에서 나 자신에 대해 새롭게 알게 된 부분이 있다면,
   그것은 무엇인가요?

낯선 세계를 마주할 때 사유는 다시 깨어난다

익숙한 공간 안에서는 생각도 쉽게 굳는다. 반복되는 일상과 정해진 틀 안에서 우리는 종종 같은 질문만을 반복하며 살아간다. 하지만 낯선 세계를 마주할 때 사유는 다시 깨어난다. 새로운 풍경, 다른 언어, 예상치 못한 관습과의 만남은 나를 낯설게 하고 그 낯섦 속에서 익숙했던 삶의 기준이 흔들리기 시작한다. 여행은 단순한 이동이 아니라 생각의 지평을 넓히는 철학적 훈련이 된다.

낯선 곳에서 다시 깨어나는 나

몽테뉴는 늘 질문하는 사람이었다. 자신에 대해, 인간에 대해, 세상에 대해 끊임없이 묻고 사유하길 멈추지 않았다. 하지만 그 사유가 항상 책상 앞에서만 이뤄진 것은 아니었다. 그는 머무름이 아니라 움직임 속에서도 깊은 철학을 발견했다.

몽테뉴는 《에세》 초판을 출간한 직후인 1580년, 긴 여행길에 오른다. 프랑스를 벗어나 이탈리아로 향한 이 여정은 단순한 휴식이 아니라 생각을 낯설게 만들기 위한 훈련이었다.

> "여행은 좋은 훈련이다. 끊임없이 낯선 것을 보고 다양한 삶과 관습을 마주하면서 인간이라는 존재의 끝없는 다양성을 깨닫게 된다."

몽테뉴에게 여행이란 타인의 문화를 관찰하는 일이면서 동시에 자기 자신을 상대화하는 과정이었다. 그에게 낯섦은 사유의 감각을 일깨우는 신호였다. 17개월 8일 동안 집을 떠나 있었고 그 시간 동안 그는 일기를 썼다. 사람들의 말투, 행동, 습관, 도시의 분위기, 식사의 방식까지 놓치지 않고 기록했다. 그러면서 그는 인간 본성의 무한한 얼굴, 그리고 자신이라는 존재의 위치를 새롭게 인식하게 된다.

그는 철저히 관찰자였다. 타인의 삶을 비판하거나 교정하려 들지 않았다.

"나는 나를 기준으로 남을 판단하지 않는다. 누구나 나와는 다른 점이 있으리라 쉽게 받아들이기 때문이다."

이 태도는 그가 낯선 세계를 마주할 수 있었던 내면의 기초였다. 몽테뉴는 다르다는 사실을 불편하게 여기지 않았다. 오히려 그 다름 속에서 인간이라는 존재가 얼마나 유연하고 복잡하며 아름다운지를 발견했다. 같은 공간, 같은 언어, 같은 문화 안에 있을 때는 잘 보이지 않던 인간의 다채로움이 거리와 시간의 차이를 두고 바라볼 때 오히려 선명해졌던 것이다.

몽테뉴는 자신이 살아온 삶과 주변 사람들을 일정한 거리에서 바라보았기에 오히려 더 깊이 들여다볼 수 있었다. 자기 삶의 패턴, 익숙한 감정, 자동적으로 반응하던 판단들에서 잠시 벗어났을 때 그는 자신을 다시 조율할 수 있는 자각의 틈을 얻었다.

《에세》를 통해 이미 자신을 드러냈지만, 그는 여전히 스스로에 대해 모르는 게 많다고 여겼다. 그래서 그는 여행을 떠났고 그 여정 속에서 자신을 낯선 존재로 다시 바라볼 수 있었다.

"나는 내 삶 전체를 묘사하기에 가장 적절한 시점—멀

리서 나를 바라볼 수 있는 시간—을 선택했다."

삶은 가까이에서만 보면 너무 익숙해서 흐려지고 만다. 때로는 일정한 거리를 두고 자신을 바라봐야 내 안에 있는 무늬와 균열, 색채와 그림자가 더 분명하게 드러난다.

몽테뉴에게 여행은 단지 어디론가 가는 것이 아니었다. 그것은 자신을 흔들어 보는 훈련이었다.

"여행은 돌아오기 위해 떠나는 게 아니다. 나를 흔들어 놓기 위해 떠나는 것이다. 흔들림이 아직 기분 좋을 때."

그는 익숙함이 사유를 무디게 만든다는 사실을 누구보다 잘 알고 있었다. 그래서 새로운 도시의 시장을 걷고, 낯선 언어를 듣고, 이름 모를 사람들의 삶을 가까이에서 지켜보며 자신 안의 관점을 스스로 깨뜨렸다.

1581년 11월 30일, 긴 여정을 마치고 자신의 성으로 돌아온 그는 더 이상 이전의 몽테뉴가 아니었다. 그는 더 열려 있었고, 더 많은 다름을 받아들일 수 있는 여유를 지니게 되었다.

우리의 삶도 마찬가지다. 가끔은 낯선 곳에서, 낯선 사람들과, 낯선 감정을 마주해야만 멈춰 있던 생각이 다시 흐르기 시작한다. 몽테뉴처럼 우리도 익숙함에서 벗어나는 용기를 낼 수 있다면 삶은 조금 더 넓어지고, 생각은 조금 더 깊어진다. 그러니 낯섦을 꺼리지 말자. 그 속에는 아직 만나지 못한 내가 기다리고 있으니.

**익숙함을 벗어날 때
진짜 내가 보이기 시작한다**

낯선 세계를 향한 몽테뉴의 시선은 결국 자신을 더 깊이 이해하기 위한 여정이었다. 그는 여행을 통해 끊임없이 변화하는 인간 본성의 다채로운 얼굴을 마주하고자 했다. 익숙한 삶의 틀에서 벗어나, 다름을 관찰하고 받아들이며, 자기 안의 확신들을 의심했다. 그 의심 속에서 그는 더 유연하고 더 깊은 사유를 길러냈다.

이 통찰은 오늘을 살아가는 우리에게도 여전히 유효하다. 익숙함 속에만 머무는 삶은 점차 닫히고 만다. 나와 닮은 사람, 나와 비슷한 생각, 나에게 익숙한 환경 속에서는 점점 새로운 질문이 사라진다. 생각은 멈추고, 세계는 좁아진다.

그러니 낯선 것을 마주할 용기를 내보자. 나와 다른 생각을 가진 사람과 대화하고, 가보지 않았던 길을 걸으며, 한 번도 경험해 보지 못한 일에 마음을 열어보자. 처음엔 불편하고 어색할 수 있지만, 그 낯섦 속에서 오히려 지금의 삶을 새롭게 읽게 된다.

낯선 세계는 나를 확장해 줄 또 하나의 문이다. 문득 삶이 답답해졌다면, 그 문을 두드릴 시간이다.

오늘의 사유

오늘은 낯섦이 당신에게 무엇을 일깨우는지 조용히 들여다보세요. 삶이 답답하게 느껴졌다면, 어쩌면 생각이 멈춰 있었던 건 아닐까요? 익숙함에서 벗어나 낯선 질문을 품고 삶을 다시 써보는 시간. 그곳에서 새로운 사유가 깨어날 수 있습니다.

1. 최근 내가 마주한 낯선 순간은 언제였고, 그때 어떤 감정과 생각이 떠올랐나요?

2. 오랫동안 익숙했던 삶의 틀 중 다시 점검해 보고 싶은 것은 무엇인가요?

3. 나는 지금 어떤 낯섦을 피하고 있나요? 그 안에 놓친 배움이 있지는 않을까요?

사유가 없는 앎은
내 삶에 닿지 않는다

우리는 종종 많이 아는 것을 중요한 덕목으로 여긴다. 하지만 많이 안다는 것이 곧 깊이 생각한다는 뜻은 아니다. 생각 없이 받아들인 앎은 그저 머릿속에 쌓인 정보일 뿐, 삶을 움직이는 힘이 되지 못한다. 삶을 바꾸고 방향을 제시하는 앎은 반드시 사유를 통과해야 한다. 진짜 앎은 외운 것이 아니라 스스로 되새기고 소화해 삶과 연결된 것이다.

앎은
생각을 거쳐야 삶이 된다

우리는 많이 아는 사람을 실력자라고 인정한다. 많은 책을 읽고, 많은 정보를 알고, 해박한 지식을 나열하는 사람에게 자연스럽게 고개를 숙인다. 하지만 몽테뉴는 그것이 진짜 앎인지 되물었다. 그가 보기에 지식은 외운다고 내 것이 되지 않는 다고 생각했다. 단순히 머릿속에 저장된 문장은 인용은 될 수 있어도 삶을 움직이는 힘은 되지 못한다.

> "음식을 그대로 토해내는 것은 소화를 제대로 하지 못 했다는 증거다. 지식도 마찬가지다. 배운 것을 단순히 반복하는 것이 아니라, 스스로 소화하고 자신의 것으로 만들어야 한다."

몽테뉴의 삶은 언제나 지식의 소화를 향해 있었다. 그는 《에세》를 쓰기 전에도 수많은 고전을 읽고 밑줄을 그었지만 단지 아는 데서 멈추지 않았다. 그는 그 문장을 자신의 삶에 비추어 다시 묻고, 다시 해석했다. 그래서 《에세》에는 인용이 많지만 그것은 외운 지식의 나열이 아니라 자기 삶을 통과한 생각의 흔적이었다. 그는 자신의 생각으로 걸러지지 않은 지식은 오히려 위험하다고까지 여겼다.

> "우리의 영혼은 스스로 사고하기보다는 남의 생각을 그 대로 따르는 데 익숙하다. 결국 우리는 다른 사람의 가 르침과 권위에 사로잡힌 노예가 되고 만다."

그는 외적인 지식을 내면화하지 않으면 결국 우리는 지식의 노예가 될 수밖에 없다고 말한다. 아무리 뛰어난 철학자, 위대한 저자의 말이라 하더라도 자신의 사고 없이 받아들인다면 그것은 우리의 영혼을 자유롭게 하기보다는 오히려 사로잡히고 만다는 것이다. 그렇기에 그는 독서를 할 때도 늘 경계심을 놓지 않았다.

그에게 독서는 지식의 수집이 아니라 사유의 연습이었다. 책의 내용을 암기하기보다, 그 안에서 자기 판단을 길러내는 것. 이것이야말로 몽테뉴가 말한 진짜 앎이었다.

> "벌이 여러 꽃에서 꿀을 따와도 결국 자신만의 꿀을 만들어 내듯, 학생도 다양한 지식을 받아들이되 그것을 자기 것으로 소화하여 독자적인 판단력을 형성해야 한다. 교육의 목표는 바로 이 판단력을 키우는 데 있다."

지식은 채집이 아니라 자신의 양분으로 삼아야 한다. 아무리 빛나는 문장이라도 스스로 반추하지 않으면 꿀이 되지 못한다. 그는 이런 사유의 반복 속에서 지식을 내면화했고 그것이 《에세》라는 독특한 글쓰기의 토대가 되었다.

그래서 몽테뉴는 단언하지 않았다. 그는 질문했고, 의심했고, 자신에게 응답했다. 많은 이들이 책을 지식의 권위로 삼을 때 그는 오히려 이렇게 고백한다.

> "지식이 제대로 사용되기만 한다면, 그것만큼 위대하고 강력한 것도 없다. 그러나 지식을 자기 능력의 전부로 삼는 이들, 기억력에 의존해 사고하는 이들, 남의 그림자에 숨어 사는 이들, 책 없이는 아무것도 못 하는 이들에게 나는 차라리 무지를 택하겠다."

그에게 중요한 것은 얼마나 아느냐가 아니라 어떻게 사유하느냐였다. 그는 기억에 의존해 말하는 이보다 생각하며 침묵할 줄 아는 사람을 더 신뢰했다.

오늘날 우리는 너무 많은 정보를 접하고 너무 많은 지식을 쌓는다. 하지만 그 지식이 나를 움직이지 못한다면, 그것은 삶을 위한 지식이 아니다. 오히려 판단을 흐리고 삶의 방향을 잃게 만드는 과잉의 파편일 수 있다.

진짜 앎은 정보를 축적하는 데 있는 것이 아니라 그 정보를 삶의 중심까지 데려오는 데 있다. 몽테뉴처럼 지식을 곱씹고, 의심하고, 해체하며 나와 연결할 때 그 앎은 비로소 나를 움직이는 힘이 된다. 지금의 삶을 바꾸는 것은 많이 아는 내가 아니라, 깊이 생각하는 나다.

**외우는 삶이 아닌,
사유하는 삶을 살자**

지금 우리는 정보의 홍수 속에 살아간다. 클릭 한 번이면 무엇이든 알 수 있고, 누구든 전문가처럼 말할 수 있다. 그러나 그럴수록 삶은 오히려 더 공허해지고, 방향을 잃는다. 아는 것은 많은데도 여전히 삶이 바뀌지 않는다면, 그 이유는 사유가 깊어지지 않았기 때문이다.

몽테뉴는 말한다. 지식은 곱씹어야 비로소 힘을 가진다고. 스쳐 지나가는 정보는 일시적인 기억에 머물 뿐, 삶을 움직이지 못한다. 반면, 자신만의 언어로 되새기고 해석해 낸 문장은 삶의 태도와 선택을 바꾸는 기준이 된다.

그는 남의 말로 채워진 지식은 오히려 생각을 방해한다고 보았다. 그러나 자신의 사고로 걸러낸 문장은 행동을 바꾸고, 삶을 다시 구성하게 한다. 진짜 지식은 나를 흔들고 나를 다시 쓰게 하는 것이다. 그 앎은 조용히 내면에서 자라나 말보다 먼저 삶으로 드러난다.

이제 우리는 질문을 돌려야 한다. 얼마나 많이 아느냐가 아니라, 지금 알고 있는 것을 얼마나 스스로 사유해 보았는가.

말할 수 있는 지식이 아니라 살아낼 수 있는 지식을 갖고 있는가. 진짜 앎은 삶의 한가운데에서 길어 올린 질문이며 그 질문과 함께 살아가는 태도다.

    그러니 더는 외우는 삶에 머물러선 안 된다. 책을 많이 읽는 것보다 그 책 한 권을 깊이 살아내는 일이 중요하다. 넘치는 정보 속에서도 내 생각을 지키고, 유행하는 의견 앞에서도 내 판단을 세우는 힘. 그것이 오늘을 지탱하는 사유의 근력이다.

오늘의 사유

지식은 곱씹을 때 비로소 내 것이 됩니다. 그렇게 내면화된 앎은 조용히 그러나 분명하게 삶을 바꾸기 시작합니다. 지금 머무는 문장, 생각, 지식은 어디까지 당신의 삶과 닿아 있나요? 아래 질문을 따라 오늘의 사유를 적어보세요. 그 글은 당신을 이끄는 조용한 나침반이 되어줄 것입니다.

1. 지금 내 안에 깊이 머무는 지식은 무엇이며,
   그것은 내 삶에 어떤 방식으로 작용하고 있나요?

2. 최근에 만난 문장 중 마음에 남은 말이 있나요?
   그것을 나의 언어로 다시 풀어본다면 어떤 의미가 되나요?

3. 나는 지금 어떤 생각으로 살아가고 있나요?
   그 생각은 나의 사유인가요, 누군가의 기준에 따른 것인가요?

4장 마음의 방향을 바꾸면 흔들림도 멈춘다

우리는 늘 거기에 있고
좀처럼 여기 있지 않다

눈을 뜨면 대부분 휴대폰을 확인한다. 오늘 해야 할 일, 앞으로 닥칠 일정, 미리 대비해야 할 문제들이 마음을 앞질러 달린다. 몸은 이 자리에 있어도 마음은 늘 다른 시간 위를 맴돈다. 우리는 지금, 여기에서 살아간다고 믿지만, 실은 대부분의 시간을 거기에서 헤맨다. 아직 오지 않은 미래를 염려하거나 이미 지나간 과거를 되새기며 정작 살아야 할 이 순간을 흘려보낸다. 그렇게 우리는 가장 확실한 시간인 지금을 자주 잃는다.

**'거기'가 아닌
'여기'에 살아야 한다**

몽테뉴는 유난히 조용한 사람으로 보였다. 하지만 그의 정신은 늘 분주히 움직였다. 몽테뉴가 살았던 시대는 혼란 그 자체였다. 역병이 창궐해 사람들이 쓰러지고, 종교 전쟁으로 도시는 피로 물들었다. 삶은 언제, 어디서 무너질지 알 수 없는 불확실함의 연속이었다.

몽테뉴는 법관으로서의 공직을 과감히 내려놓고, 세상과의 거리를 두기 위해 탑 속 서재로 들어갔다. 겉으로는 은둔처럼 보였지만, 그곳은 자신을 향한 치열한 실험의 시작 지점이었다.

몽테뉴의 글을 읽다 보면 우리를 무력하게 만드는 불안의 실체가 무엇인지 점차 드러난다. 그것은 지금, 이 순간이 아니라 아직 오지 않은 시간에 붙들려 있는 마음이다. 그는 단호하게 말한다.

> "두려움, 욕망, 그리고 희망은 우리를 미래로 내던져 현재를 온전히 느끼거나 생각하지 못하게 만든다. 심지어 우리가 존재하지 않을 때의 일까지도 마음을 빼앗겨 고민하게 한다."

우리는 늘 거기를 상상하며 지금을 흘려보낸다. 몽테뉴는 미래에 끌려가는 정신의 구조를 날카롭게 꿰뚫었다. 그리고 우리에게 가만히 묻는다. "당신은 지금 여기 있는가?"

그의 사유는 이 질문에 철저히 발 딛고 있다. 몽테뉴는 무언가를 확신하거나 단언하려는 대신 끊임없이 현재의 감각을 점검했다. 그는 미래를 예측하는 일에 지나치게 몰입하는 인간의 습성을 경계했다.

> "눈앞의 일도 충분히 소화하지 못하면서 마치 할 일이 부족한 것처럼 미래를 예측하는 데 시간을 낭비하는 모습은 인간의 본성이 얼마나 호기심으로 가득한지를 잘 보여주는 대표적인 예이다."

몽테뉴는 미래에 대한 염려는 습관적인 불안에서 비롯된다고 보았다. 우리의 생각이 항상 앞으로만 가 있기에 지금, 이 순간을 진정으로 살아내지 못한다는 것이다. 그는 자신의 삶을 지금 이 자리에서 가늠했다. 지나간 일은 지나간 대로, 다가올 일은 아직 오지 않은 대로 두었다.

> "우리는 닥쳐올 일을 바꿀 힘이 없으며 지나간 일보다 더욱 손쓸 방법이 없다. 그러니 사람들이 늘 미래만을 걱정하는 것을 비판하며 현재의 행복을 붙잡고 그것에

만족하라고 가르치는 이들은 인간이 흔히 저지르는 가장 보편적인 실수를 정확히 짚어낸 셈이다."

몽테뉴는 삶의 중심을 추상적인 개념이나 정답이 아닌 살아 있는 순간의 감각에 두었다. 그는 사는 동안에도 죽음을 사유했고 병든 몸으로도 평정을 익혔으며 불확실함 속에서도 나를 잃지 않는 법을 익혀갔다.

우리는 흔히 미래를 준비하느라 현재를 놓친다. 하지만 몽테뉴는 준비된 삶보다 의식적인 삶을 중시했다. 실제로 우리를 가장 괴롭히는 것은 현실 자체가 아니라 그에 덧씌운 상상일 때가 많다.

"많은 일들은 현실보다 우리의 상상 속에서 훨씬 더 크게 다가온다."

이 문장은 두려움의 본질을 밝혀준다. 불안은 종종 실제보다 과장된 마음의 그림자이며 우리는 그 그림자와 싸우느라 지금의 자신을 놓쳐버린다.

몽테뉴는 우리에게 거창한 철학적 결단을 요구하지 않는다. 다만, 지금 이 자리를 자각할 것. 지금의 나에게 말을 걸고 지금의 호흡에 귀를 기울일 것을 주문한다. 그의 글이 지금도 살아 있는 이유는 바로 그 단순하지만 강력한 자각의 힘 때문이다.

**살아야 할 시간은 언제나
지금이다**

우리는 오늘도 무언가를 준비하느라 지금을 유예한다. 더 나은 내일을 위해 오늘을 희생하고 더 완벽한 나를 꿈꾸느라 현재의 나를 외면한다. 미래를 지나치게 근심하는 삶은 결국 현재를 파괴한다. 몽테뉴가 애정했던 세네카 역시 말했다. "미래를 근심하는 영혼은 불행으로 짓눌린다."

우리가 직면해야 할 시간은 지금이며 진짜 감당해야 할 사람은 현재의 나다. 불안은 대부분 아직 일어나지 않은 일에 대한 상상에서 시작된다. 몽테뉴는 이 상상을 걷어내고 현실에 발 딛는 연습을 반복했다. 그가 평생을 바쳐 실험한 삶의 방식은 거창하지 않았다. 그저 오늘의 감정, 오늘의 생각, 오늘의 나를 자각하는 일이었다.

우리도 그처럼 매일 한 걸음씩 지금 이 자리에 머물 수 있다. 더 멀리 가지 않아도 된다. 오늘의 나에게 진심으로 말을 걸어보는 것. 지금의 삶을 충분히 음미해 보는 것. 그것이면

된다. 미래는 오겠지만, 지금을 사는 우리만이 그 미래를 맞이할 수 있다.

삶이 흔들릴수록 더 먼 계획이 아니라 더 가까운 감각에 집중해야 한다. 오늘이라는 이 짧은 시간을 온전히 살아낸 사람만이 내일을 두려움 없이 마주할 수 있다. 우리가 단단해지는 시간은 언제나 지금이다.

오늘의 사유

오늘은 당신의 마음이 어느 시간 위에 머물러 있는지 조용히 들여다보세요. 불안이든 후회든, 혹은 막연함이든 괜찮습니다. 지금, 이 순간의 감정을 솔직하게 적어보세요. 마음이 자주 떠나는 방향을 글로 붙잡는 순간, 우리는 비로소 여기, 이 자리에 머물 수 있습니다.

1. 오늘 나는 얼마나 자주 지금을 벗어나 과거나 미래를 헤맸나요?

2. 요즘 내 하루를 자주 잠식하는 생각은 무엇이며, 그것은 나에게 어떤 영향을 주고 있나요?

3. 내가 자주 떠올리는 아직 오지 않은 일은 무엇인가요?
   그 상상은 나를 앞으로 이끄나요, 아니면 지금을 흐리게 하나요?

문제는 사물이 아니라
그것을 보는 나였다

작은 말 한마디에 쉽게 상처받고 평소엔 아무렇지 않던 일이 유난히 버겁게 느껴질 때가 있다. 우리는 그럴 때 종종 상황이나 사람을 탓한다. 언제나 문제는 바깥에 있다고 믿기 때문이다.

하지만 삶이 들려주는 진실은 조금 다르다. 같은 일을 겪어도 마음의 상태에 따라 전혀 다른 파장이 일어난다. 불편함과 고통의 진원지는 대개 외부가 아니라 그것을 받아들이는 내 안에 있다. 문제의 크기를 결정짓는 것은 그 사건을 바라보는 나의 시선이다. 결국 바뀌어야 할 것은 현실이 아니라 마음이 향하는 방향이다.

본질은 언제나
내 시선에 달려 있다

사회적 지위와 역할을 누리던 몽테뉴는 일찍이 세상과 자신 사이의 거리를 의심했다. 그는 사람들 사이의 갈등이 사건 때문이 아니라 그것을 해석하는 방식에서 비롯된다는 사실을 깨달았고 삶을 대하는 태도를 근본부터 되묻기 시작했다. 공직에서 물러난 뒤 그는 바깥의 소음에서 한 걸음 물러나 자신을 깊이 들여다보는 시간을 선택했다. 글을 쓰고 사유하며 그는 타인을 판단하듯 자신을 바라보는 법을 익혀갔다. 그 고요한 실험실 안에서 그는 자신의 감정과 반응, 편견이 사물에 어떻게 의미를 덧입히는지를 차근차근 분석해 나갔다.

> "외부에서 오는 것들의 맛과 색은 결국 우리 내면이 어떻게 받아들이느냐에 따라 결정된다."

사물은 본래 감정이나 의도를 지니지 않는다. 같은 말이 칭찬으로 들리기도 하고 비난으로 받아들여지기도 하는 것은 그 말 자체 때문이 아니라 그것을 받아들이는 나의 시선과 마음의 상태 때문이다. 몽테뉴는 이것을 단순한 감정 통제가 아닌 사유의 훈련 문제로 보았다.

> "삶은 본래 선도 악도 아니다. 그것을 어떻게 사용하느냐에 따라 선이 될 수도 악이 될 수도 있다."

삶의 사건들은 그 자체로는 판단되지 않는다. 그것을 대하는 태도에 따라 고통이 되기도 하고 배움이 되기도 한다. 그는 실제로 친구의 죽음, 병약한 몸, 시대의 혼란 등 다양한 고통을 겪었지만 그것을 고통 자체로만 받아들이지 않았다. 그 경험 속에서 자신을 시험하고 더 깊이 사유하고 다시 살아갈 방식을 찾아냈다.

그의 사유는 깊고도 섬세하다. 그는 인간이 얼마나 자주 자기 안의 결핍을 바깥 사물에 투영하는지 알고 있었다.

> "위대하고 고귀한 것을 제대로 알아보려면 우리 역시 그만큼 높은 마음을 가져야 한다. 그렇지 않으면 우리는 그것을 있는 그대로 보지 못하고 오히려 자신의 결점을 투영하게 된다. 마치 곧은 막대도 물속에 잠기면 휘어 보이는 것처럼 중요한 것은 무엇을 보느냐 뿐만 아니라 어떻게 보느냐에 달려 있다."

우리가 세상을 삐뚤어지게 보는 이유는 세상이 휘어 있기 때문이 아니라 내 마음이라는 물이 일렁이고 있기 때문이다. 결국 바라보는 나를 가다듬는 일이 가장 먼저 필요한 일이다.

몽테뉴는 관찰자로서의 자기 자신을 훈련했다. 그 어떤 사물도, 그 어떤 상황도 내 안에 들어오는 순간 나만의 해석이라는 필터를 지나야 한다는 것을 잘 알았다. 그래서 그는 사물보다 자신의 상상력과 판단을 더 경계했다.

> "나는 상상이 사물의 본질과 진실을 거의 절반쯤은 과장한다는 사실을 깨달았다."

문제를 지나치게 확대하거나 상처를 과장되게 반복하는 이유도 그 때문이다. 몽테뉴는 상상을 억누르기보다는 그것이 어떻게 작동하는지를 직시함으로써 자신을 지키는 법을 익혔다.

오늘날 우리 역시 마찬가지다. 인간관계, 직장에서의 스트레스, 삶의 예기치 않은 일들 앞에서 흔들릴 때 진짜 문제는 대개 사건 그 자체가 아니다. 그것을 바라보는 우리의 시선이 불안을 키운다. 그 시선이 두려움에 잠식되어 있거나 자존감의 결핍에서 비롯되었거나 과거의 상처를 덧씌운 결과일 수 있다.

몽테뉴는 그것을 바꾸려 애쓰기보다 있는 그대로 인식하는 훈련을 통해 고요를 되찾았다. 그리고 그렇게 훈련된 인식은 그를 삶의 중심에 다시 붙들어 세웠다. 바깥을 고치는 것보다 나의 인식을 가다듬는 일이 먼저라는 철학. 그것이야말로 흔들리는 순간에도 나를 지키는 지혜이다.

**문제는 밖이 아니라
내가 붙인 의미였다**

우리는 매일 수많은 자극과 마주한다. 누군가의 말 한마디, 예상치 못한 상황 하나가 하루의 분위기를 흔들고, 때로는 사소한 일에도 마음이 복잡해진다. 우리는 흔히 그 원인을 외부에서 찾는다. 하지만 몽테뉴는 이렇게 말한다.

> "사물은 각각 고유의 무게와 척도 조건을 지니고 있지만 그것들이 우리 안에 들어오는 순간 우리는 그것을 이해하는 방식대로 다시 의미를 부여한다."

문제는 사건 자체보다 그것을 받아들이는 나의 방식에서 비롯되는 경우가 많다.

이 말을 곱씹어 보면 우리가 느끼는 감정도 결국 해석의 틀에 따라 달라진다는 걸 알 수 있다. 같은 상황도 어떤 날엔 별일 아니고 어떤 날엔 마음을 크게 흔든다. 차이는 상황이 아니라 시선에 있다.

그렇다고 감정을 억제하라는 말은 아니다. 다만 지금 내 안에 일어나는 감정이 어디서 비롯되었는지 그 시작을 한 걸음 떨어져 바라볼 수 있다면 삶은 훨씬 덜 복잡해질 수 있다. 인식의 여유는 내면에 숨 쉴 공간을 만들어 준다.

몽테뉴처럼 내 반응을 관찰하고 나의 해석을 의심해 보자. 세상을 있는 그대로 보려는 연습은 삶의 무게를 줄이는 첫걸음이다. 흔들리는 순간에도 나를 지키는 힘은 언제나 바깥이 아니라 내 안에 있다.

오늘의 사유

외부의 현실보다 그 현실을 해석하는 내 마음의 방향이 내면의 파동을 만든다는 것을 기억해 보세요. 지금 내가 어디를 향해 보고 있는지 어떤 틀로 세상을 바라보고 있는지 점검하는 일. 그것이 나를 다시 중심으로 데려오는 첫걸음입니다. 감정에 휘둘리기보다는 지금의 내가 무엇을, 어떻게 바라보고 있는지를 중심으로 삼아보세요.

1. 지금 내 마음을 가장 복잡하게 만드는 일은 무엇이며,
   나는 그것을 어떤 시선으로 바라보고 있나요?

2. 최근 흔들림 앞에서 내 시선의 방향을 돌아본 적이 있나요?

3. 나는 상황을 주로 어떤 틀로 해석하나요?

고통은 내가 허락한 만큼만
내 안에 머문다

 물리적 상처는 시간이 지나면 저절로 아문다. 하지만 마음의 상처는 다르다. 때로는 오래도록 마치 지금, 이 순간 일어난 일처럼 생생하게 내 안에 머문다. 우리는 흔히 고통을 외부에서 온 힘이라 여긴다. 하지만 정작 그 고통이 얼마나 깊이, 얼마나 오래 내 안에 남아 있을지는 내가 얼마나 그것을 허락했는가에 달려 있다. 마음의 문을 얼마나 열어두었는가, 그 자리에 얼마나 오래 머물렀는가에 따라 달라진다. 고통의 무게는 결국 내가 그것에 부여한 의미만큼 깊어지고 무거워진다.

**고통은
내가 머물게 한 만큼 머문다**

 몽테뉴 삶의 결정적인 전환점은 친구 라 보에시의 죽음이었다. 정신적으로 깊이 연결되어 있던 두 사람의 관계는 그의 삶을 지탱하는 한 축이었다. 몽테뉴는 라 보에시를 "내 인생의 또 다른 나"라고 표현할 정도로 그를 아꼈다. 그의 죽음은 말할 수 없는 충격이었다. 그와의 이별은 삶의 덧없음과 고통의 본질을 정면으로 마주하게 만들었고 결국 《에세》를 집필하게 된 직접적인 계기가 되었다. 더 이상 나눌 수 없는 대화를 대신해 그는 글을 통해 자신과 대화를 시작했다. 그렇게 슬픔을 다스려 나갔다.

그에게 닥친 고통은 거기서 끝나지 않았다. 몽테뉴는 평생 신장결석이라는 질환에 시달렸다. 그의 아버지 또한 이 병으로 세상을 떠났다. 몽테뉴는 아버지가 병으로 고통받는 모습을 자주 목격했다. 신장에 생긴 돌로 인한 극심한 통증은 예고 없이 덮쳐왔다. 그는 이를 "형언할 수 없는 비명"이라고 표현했다. 예기치 않게 무너지는 육체 앞에서 그는 인간이 얼마나 나약한 존재인지를 절실히 깨달았다. 그러나 그 고통 속에서도 그는 사유를 멈추지 않았다.

> "고통을 완전히 없앨 수는 없더라도 인내로 그 무게를 덜어낼 수는 있다. 비록 육체가 고통에 시달릴지라도 우리의 영혼과 이성만큼은 강인하게 지키는 것은 결국 우

리 자신에게 달려 있다."

고통은 어쩌면 육체보다 마음을 더 자주 무너뜨린다. 몽테뉴는 그 마음의 무게를 어떻게 조절하느냐에 따라 고통의 지속 시간과 깊이가 달라진다는 점을 통찰했다. 그는 감정을 억누르기보다는 감정이 어디서 비롯되는지를 살피는 방식으로 스스로를 훈련했다.

몽테뉴가 살아간 16세기의 프랑스는 종교 전쟁과 정치적 혼란으로 얼룩져 있었다. 가톨릭과 신교가 충돌하고 이념이 사람의 생명을 갈라놓던 시대였다. 피비린내 나는 참상은 그의 가족과 공동체를 두려움에 휩싸이게 했고 사람들 사이의 신뢰마저 무너뜨렸다.

또한 몽테뉴는 사랑하는 이들을 잇달아 떠나보내야 했다. 아버지, 동생, 그리고 어린 자녀들까지도 먼저 세상을 등졌다. 반복되는 상실은 그에게 깊은 슬픔과 고독을 안겨주었다. 때로는 삶 자체에 대한 회의로 이어졌다. 하지만 그는 그 고통을 외면하거나 망각하지 않았다. 오히려 그것을 삶의 본질로 받아들이고 그 안에서 더욱 깊이 자신을 성찰해 갔다.

"불행 앞에 무너지는 것은 약한 마음의 징표다. 하지만

불행을 끌어안고 그것을 키워가는 건, 이성의 끈을 놓아
버린 어리석음이다."

몽테뉴는 고통과 맞서는 법을 알았다. 억지로 이겨내려 하
기보다 고통이 주는 메시지를 읽고 그 안에서 스스로를 정돈
하는 방식이었다. 그는 인내심을 훈련하고 욕망을 절제하며
자신의 마음을 다듬는 데 집중했다.

"나는 인내심을 기르기 위해 마음을 날카롭게 단련하고
욕망을 다스리기 위해 그 불꽃을 스스로 약하게 만든다."

그는 병약한 체질로 일상의 통증조차 익숙한 일이었다. 하
지만 그 안에서도 멈추지 않고 삶을 사유했다. 그는 자신의 고
통을 곱씹지 않았다. 대신, 그것을 객관화하고 때로는 거리를
두며 바라보는 훈련을 했다.

"괴로운 생각에 사로잡힐 때면 억지로 이겨내기보다는
그 생각을 다른 것으로 바꾸는 쪽이 훨씬 수월해 보인다.
정반대의 생각이 떠오르지 않을 때는 전혀 다른 방향의
생각이라도 끌어들인다. 생각을 바꾸는 것, 그 변화만으

로도 마음은 조금씩 풀리고 고통은 저절로 옅어진다."

우리는 고통 없는 삶을 꿈꾼다. 그러나 고통이 없는 삶이란 결국 삶의 본질을 외면한 환상에 가깝다. 중요한 것은 고통을 어떻게 받아들이고, 그것이 내 안에 어떻게 머무르도록 허락하느냐다. 고통은 저절로 사라지지 않는다. 내가 얼마나 그 자리에 붙들어 두었는지, 또 얼마나 그것과 거리 두기를 실천했는지에 따라 그 무게와 머무는 시간은 달라진다. 몽테뉴가 말하듯이 고통은 억누른다고 사라지지 않는다. 그것을 이해하고 조용히 관찰하며 내면을 단련할 때 우리는 비로소 고통으로부터 한 발짝 벗어날 수 있다. 고통을 제거하려 애쓰기보다 그 고통이 나를 어떻게 성장시키는지를 사유하는 일. 그것이야말로 흔들리는 삶 속에서도 나를 지켜내는 철학적 태도다.

**고통 앞에서
마음이 선택하는 힘**

고통은 누구에게나 예고 없이 찾아온다. 그것은 선택이 아니라 조건이다. 그 고통 앞에서 우리가 선택할 수 있는 것은 마음을 어떻게 사용할 것인가이다.

"고통은 결국 우리가 마음속에서 허락하는 만큼만 자리할 수 있다."

그는 고통을 단지 참아내는 것이 아니라 스스로를 지켜내는 방식을 훈련했다.

지금 내가 겪는 상실과 불안, 억울함과 슬픔도 결국은 내 마음의 결을 따라 그 무게가 결정된다. 마음은 우리를 무너뜨릴 수도 있고 다시 일으켜 세울 수도 있다. 중요한 것은 마음이 선택하는 방향이다.

"우리는 마음을 탐구하고 연마하여 그 안에 숨겨진 강력한 잠재력을 일깨워야 한다. 마음이 스스로 선택한 것은 어떤 이유, 명령, 힘으로도 막을 수 없다."

마음이 동의한 상처는 오래 남지만, 마음이 거부한 고통은 결국 지나간다. 몽테뉴는 고통을 무시하지도 과장하지도 않았다. 대신, 그 고통과 나 사이에 사유의 거리를 두었다. 우리는 그 거리를 통해 고통의 정체를 더 명확히 볼 수 있고 흔들리는 순간에도 단단한 나로 성장할 수 있다.

삶은 끊임없이 우리를 흔든다. 그러나 그 속에서도 무너지지 않고 나를 지켜내는 힘은 내 안에 있다. 몽테뉴는 그 힘을 단련된 마음이라 불렀다. 그것은 고통을 밀어내는 마음이 아니라 고통을 견디며 스스로를 다듬는 마음이다. 상처를 끌어안되 잠기지 않고, 슬픔을 느끼되 휘둘리지 않는 마음. 진정한 회복은 바로 그 마음에서 시작된다.

오늘의 사유

고통을 없애려 하지 마세요. 대신 그것과 나 사이에 사유의 거리를 두어보세요. 한 걸음 떨어져 바라보면 고통은 생각보다 작아지고 당신은 생각보다 단단해질 수 있습니다. 생각이 곧 방향이고 방향은 결국 당신을 지탱하는 힘이 됩니다.

1. 지금 내 안에서 반복되고 있는 고통은 무엇이고,
   나는 그것을 어떻게 붙들고 있나요?

2. 고통과 거리를 두고 바라본다면, 나는 무엇을 새롭게 볼 수 있을까요?

3. 고통의 순간마다 내가 선택한 마음의 방향은 무엇이었고,
   그 선택은 나를 지켜줬나요, 무너뜨렸나요?

수치심은 마음을 얼리고 적개심을 잉태한다

누군가 앞에서 작아졌던 기억, 말문이 막히도록 부끄러웠던 순간, 뭔가를 잘못했을지도 모른다는 죄책감이 마음을 계속 붙잡고 있다면 그 감정의 이름은 수치심이다. 수치심은 겉으론 조용하지만, 내면에서는 격렬하게 나를 흔든다. 얼어붙은 듯 말없이 웅크린 감정이지만 그 침묵 속에는 자신을 향한 분노와 타인을 향한 적개심이 서서히 자라고 있다.

수치심은 단순한 부끄러움이 아니다. 그것은 자기 존재를 스스로 부정하고 고립시키는 마음의 감옥이다. 그리고 그 감옥은 때때로 타인을 탓하고 세상을 원망하는 분노로 변형된다. 흔들림의 이면에는 이처럼 숨은 감정의 뿌리가 있다.

얼어붙은 마음,
적개심을 낳다

몽테뉴는 자기 내면을 누구보다 깊이 들여다본 사람이었다. 그는 타인의 시선에 비친 모습보다 마음속에서 꿈틀거리는 감정을 직시하는 데 집중했다. 수치심은 그가 특히 예리하게 응시했던 감정이다. 실수하거나 실패했을 때 누군가 앞에서 작아진 기억, 자책으로 얼룩진 순간은 누구에게나 있다.

몽테뉴는 자신을 하찮게 여기고 소홀히 대하는 태도가 인간만이 지닌 고유한 병이라 말한다.

> "우리 자신을 하찮게 여기고 소홀히 대하는 이 이상한 병은 인간에게만 있는 병이다. 다른 어떤 피조물도 자신을 이토록 무가치하게 여기지는 않는다."

그는 실수나 실패보다 더 근본적인 문제는 자신을 지속적으로 깎아내리는 왜곡된 인식이라고 보았다. 이 병이 깊어질수록 우리는 타인의 말과 행동조차 있는 그대로 받아들이지 못하고 그 안에 조롱과 판단의 그림자를 덧씌우게 된다.

몽테뉴는 수치심을 억누르거나 외면하지 않았다. 오히려 그것이 어디서 비롯되었고 삶에 어떤 영향을 주는지를 끝까지 따라가며 기록했다. 수치심은 대개 있는 그대로의 나를 받아들이지 못할 때 생긴다. 기대한 자기상이 무너졌을 때 자책은 자기혐오로 이어지고 그것은 비교와 경쟁심으로 번져 마음을 점점 고립시킨다.

> "수치심에 사로잡힌 사람이 절망에 빠지면 차갑게 변할 뿐 아니라 적개심까지 품을 수 있음을 경계해야 한다."

감정을 숨기는 태도는 감정을 왜곡하는 태도다. 수치심을 감춘 채 타인을 탓하면 겉으로는 분노지만 그 뿌리는 자신에 대한 실망이다. 그 감정은 우리를 더욱 위축시키고 내면을 서서히 얼어붙게 만든다.

몽테뉴 역시 그런 순간들을 겪었다. 병약한 몸으로 공직을 수행하던 시간, 그리고 "귀족이 무슨 이런 글을 쓰느냐"는 조롱을 감내해야 했던 순간들 속에서 그는 자신의 존재를 흔드는 시선들에 조용히 맞섰다. 당시 귀족의 글쓰기는 체면과 권위를 지키기 위한 것이었다. 하지만 그는 일상과 내면을 적나라하게 드러냈다. 또한 절친 라 보에시의 죽음을 눈앞에 두고도 아무것도 할 수 없었던 무력감 속에서도 그는 자신의 감정을 부정하지 않았다.

"나는 내 결점을 스스로 드러내고 자책한다. 누군가는 그것을 보고 조심하는 법을 배울 것이다. 내가 가장 자랑스럽게 여기는 성품은 자신을 칭찬하기보다 꾸짖는 것이 더 고귀하다고 믿는 마음이다."

그 고백은 몽테뉴가 감정을 숨기기보다 성찰의 재료로 삼았다는 사실을 보여준다. 그는 수치심을 있는 그대로 관찰하고 그것이 마음의 결을 거칠게 만들지 않도록 꾸준히 스스로를 점검했다.

"고결한 사람은 자기 마음을 부정하지 않는다. 그는 속마음까지 드러내길 꺼리지 않는다. 그 안에 담긴 것이 선이든 적어도 인간적인 것이든 말이다."

수치심은 단순한 감정을 넘어서 마음의 구조와 깊숙한 뿌리와 닿아 있다. 때로는 침묵으로 때로는 공격성으로 위장되어 타인과의 관계마저 왜곡시킨다. 몽테뉴는 이 억눌린 감정이 개인을 넘어 인간관계 전체를 병들게 한다는 점을 간파했다.

수치심은 마음을 얼린다. 감정의 흐름을 막고 자기 자신을 해석하는 언어를 비틀게 만든다. 반복되는 실패와 비교 속에서 우리는 너무 쉽게 "나는 부족하다", "나는 실패자다"라는 낙인을 찍는다. 몽테뉴는 이러한 무의식적 자기 판단이 인간을 병들게 한다고 보았다. 그래서 그는 수치심을 숨기지 않고 정면으로 마주하려 했다. 감정을 있는 그대로 바라볼 수 있을 때 우리는 그것을 다스릴 수 있다.

어쩌면 수치심은 더 나은 나를 바라는 열망의 또 다른 얼굴일지도 모른다. 그러나 그 열망이 자기혐오로 바뀌는 순간 우리는 쉽게 흔들린다. 몽테뉴는 그 흔들림 속에서도 자신을 붙드는 길은 감정을 억누르는 것이 아니라 그것을 있는 그대로 들여다보는 것이라 믿었다. 그렇게 마음의 중심에 단단히 서는 사람만이 수치심이 잉태한 적개심을 이겨낼 수 있다.

수치심을 바라보는 용기
그로부터 자유로워지는 삶

오늘날 우리는 타인의 시선 속에서 끊임없이 평가받으며 살아간다. SNS에 비친 타인의 성공과 비교하며 '나는 왜 이럴까' 하고 자책하고, 작은 실수에도 얼굴을 붉히며 마음속에 부끄러움이라는 이름표를 달아둔다. 그렇게 자꾸만 움츠러드는 자신을 보며 우리는 다시 한번 자신을 책망한다.

하지만 몽테뉴는 그런 우리에게 수치심을 지우려 하지 말고 그 감정이 어디서 시작되었는지를 먼저 바라보라고 말한다. 감정은 억누를수록 왜곡된다. 숨기려 할수록 마음은 얼어붙는다. 그는 감정을 있는 그대로 기록하며 마음의 흐름을 이해하려 했다. 그 과정은 곧 자기 자신을 품는 연습이었다.

우리의 삶도 마찬가지다. 수치심이 올라올 때 그것을 부끄러워하지 말고 말없이 들여다보자. 그것은 나약함이 아니라 내 마음이 더 단단해지려는 신호일 수 있다. 있는 그대로의 나를 받아들이는 힘, 그것이야말로 흔들리지 않는 삶의 시작이다.

몽테뉴가 그러했듯, 우리 또한 지금의 자신에게 말을 걸어보자. "나는 괜찮다. 나는 여기 있다"라고. 그렇게 자주 흔들리면서도 내 안의 중심을 지켜내는 삶이 진짜 용기 있는 삶이다.

오늘의 사유

감정에 휘둘리지 않고 감정을 들여다보는 연습은 나를 부정하는 대신 이해하는 첫걸음입니다. 내 안의 작아진 나에게 말을 걸듯 써보는 것, 그 문장이 바로 "나는 괜찮다"라고 나에게 말해주는 하나의 용기가 될 것입니다.

1. 나는 언제, 어떤 순간에 수치심을 가장 깊이 느꼈나요?

2. 수치심이 나를 위축시키지 않고 돌아보는 힘이 되기 위해,
   지금 내가 할 수 있는 작은 실천은 무엇인가요?

그 한 사람이 있었기에
나는 무너지지 않았다

혼자서는 감정의 소용돌이 속에서 쉽게 무너질 수 있다. 그러나 진심으로 곁에 있어 주는 한 사람이 있다면 마음의 방향은 달라질 수 있다. 삶의 고통과 수치심과 불안을 마주할 때 그 모든 감정을 숨기지 않고 온전히 내보일 수 있는 관계는 우리를 지탱하는 깊은 힘이 된다.

**정신을 연결하는 우정,
나를 세운 관계**

몽테뉴는 라 보에시를 보르도 고등 법원에서 근무하던 시절에 처음 알게 되었다. 그는 이미 라 보에시가 〈자발적 예종론〉이라는 논문을 쓴 저술가라는 사실을 알고 있었다. 둘은 어느 축제에서 우연히 마주쳤고 대화를 나누며 깊은 끌림을 느졌다. 라 보에시는 몽테뉴보다 세 살 연상이었지만 나이를 초월해 두 사람은 정신적으로 단번에 연결되었다.

몽테뉴는 그와의 관계를 "운명적 만남"이라 불렀다. 그러면서 "그가 있기 때문이고, 내가 있기 때문이다"라고 고백했다. 그는 두 사람의 만남이 하늘이 정한 인연이라고 믿었다.

> "우리는 만나기도 전에 이미 서로를 찾고 있었다. 서로에 대한 이야기를 남을 통해 들었기 때문인데 그 말들은 단순한 호기심을 넘어 우리의 마음속 깊은 곳에 크나큰 울림을 남겼다. 그것은 하늘이 정한 인연이었다고 믿는다. 우리는 이름만 듣고도 서로를 알아보았고 처음 만난 그 순간부터 완전히 사로잡혀 서로를 꿰뚫어 보고 강하게 결속되었다."

이 우정은 단순한 감정의 교류가 아니었다. 그것은 존재의 뿌리를 이어주는 정신적 만남이었다. 함께 사유하고 고통을 나누며 때로는 침묵조차 지지로 여겼던 이 관계는 몽테뉴에게 내면의 힘을 길러주는 깊은 샘이었다.

몽테뉴는 인간관계 속에서 정신이 어떻게 영향을 주고받는지를 누구보다 깊이 통찰했다.

> "건강한 정신과 깊은 교류를 나누면 우리의 정신도 함께 단단해진다. 그러나 병든 정신들과 끝없이 엮이며 살아간다면 그 피해는 이루 말할 수 없다. 정신도 전염된다."

그에게 진정한 만남은 서로의 정신을 정련하는 수련장이었다. 라 보에시는 몽테뉴에게 가장 완전한 동반자였고 함께 있는 것만으로도 그는 더욱 성숙해졌으며 더 용기 있게 세상을 마주할 수 있었다.

하지만 라 보에시는 젊은 나이에 페스트에 걸려 병세가 급속히 악화되었다. 몽테뉴는 친구의 병상을 지키며 그의 마지막을 함께했다.

> "나는 자네의 마지막을 지켜보는 것만으로도 마음이 무너지는데 자네는 죽음을 눈앞에 두고도 나보다 더 고요하고 용감하구려. 자네 모습 앞에서 나는 한없이 작아지고 부끄러워지네."

그는 임종의 순간조차도 스스로보다 친구의 침착함에 경외심을 느꼈다. 결국 라 보에시는 33세의 나이로 세상을 떠났다. 몽테뉴는 평생 그를 잃은 상실감에서 벗어나지 못했다.

"무슨 일을 하든 어떤 생각을 하든 그가 그립지 않은 순간이 없다. … 그는 다른 어떤 재능과 덕성에서도 나를 훨씬 능가했지만 우정에 대한 헌신에 있어서도 나를 넘어서는 사람이었다."

라 보에시는 몽테뉴에게 단지 좋은 친구 이상의 존재였다. 그의 지성과 인품, 사유 방식은 몽테뉴에게 끊임없는 자극이었고 깊은 울림으로 남았다. 라 보에시에 대한 회고 속에서 몽테뉴는 자신의 글쓰기 여정을 시작했다. 《에세》는 그 우정의 연장선에서 태어난 결과물이자 친구와의 대화를 이어가는 방식이었다. 그는 《에세》 중간에 라 보에시의 글을 직접 수록하고자 했고 〈자발적 예종론〉의 정신은 《에세》 전체를 관통하는 중심 사유로 흐르게 되었다.

그가 떠난 뒤에도 몽테뉴는 그와 나눈 사유와 대화, 삶의 방식 속에서 자신을 끊임없이 되돌아보았다. 정신적으로 연결된 만남은 함께할 때보다 부재 이후에야 더 깊이 드러나는 관계다. 그는 친구의 죽음을 통해 인간 존재의 유한함을 절감했고 동시에 관계의 영속성에 대해 성찰하게 되었다.

"우정은 그 한계를 모른다. 우정은 정신의 결속이며 정신은 쓰면 쓸수록 더욱 정련된다. 우정은 누릴수록 깊어지고 성장하며 끝없이 확장될 뿐이다."

몽테뉴에게 라 보에시와의 관계는 삶을 단단하게 만드는 내면의 힘이었다. 라 보에시와의 소통은 어떤 철학적 체계보다 더 실존적인 가르침이었다.

진정한 관계는 말보다 깊고 존재 자체로 서로를 단단하게 만든다. 우리는 언제든 흔들릴 수 있다. 하지만 나를 있는 그대로 바라봐 주는 한 사람이 있다면 우리는 다시 중심으로 돌아올 수 있다. 그리고 그 단단함은 혼자가 아닌 함께에서 비롯된다.

함께라는 울림, 나를 단단하게 만드는 힘

우리는 흔히 인생의 무게를 혼자 감당해야 한다고 믿는다. 모든 고통을 스스로 이겨내야 강한 사람이라 여기고, 약해 보일까 두려워 마음의 문을 굳게 닫는다. 하지만 몽테뉴는 그런 믿음을 조용히 되돌려 세운다. 몽테뉴는 라 보에시를 통해 깨달았다. 인간은 누군가와 깊이 연결될 때 비로소 더 넓게 사유할 수 있고 더 깊이 자신을 이해할 수 있다는 사실을. 그 한 사람이 있었기에 몽테뉴는 무너지지 않았다.

오늘을 살아가는 우리도 다르지 않다. 삶의 고통과 실패, 불안 앞에서 누구든 쉽게 흔들릴 수 있다. 하지만 그 감정을 숨기지 않고 있는 그대로 보여줄 수 있는 존재가 곁에 있다면 우리는 다시 중심을 잡을 수 있다. 나를 바라봐 주는 단 한 사람의 시선은 때로 수많은 위로와 조언보다 더 깊은 힘이 된다.

진실한 관계는 말보다 깊고 존재 자체로 서로를 단단하게 만든다. 삶이 흔들릴수록 우리는 더 많은 정보나 조언이 아닌, 있는 그대로의 나를 지켜봐 줄 한 사람을 필요로 한다. 몽테뉴가 그랬듯, 우리 또한 그런 존재와의 만남 안에서 단단해질 수 있다. 지금 당신 곁에 있는 사람과의 관계를 천천히 돌아보라. 어쩌면 그 관계 안에, 당신을 지켜주는 작고 단단한 온기가 깃들어 있을지도 모른다.

오늘의 사유

오늘은 당신을 단단하게 만들어 준 한 사람을 떠올려보세요. 그와의 장면, 그가 남긴 말, 지금도 당신 안에 살아 있는 그 관계의 온기를 따라 사유를 써 내려가 보세요. 그 문장이 다시 당신을 따뜻한 중심으로 이끌어 줄 것입니다.

1. 나를 있는 그대로 바라봐 준 사람은 누구였나요?

2. 함께할 때보다 떠난 후에 더 깊이 다가온 관계가 있다면,
   그로부터 나는 무엇을 배웠나요?

3. 삶이 흔들릴 때 내 마음을 다시 세우게 한 기억이나 말이 있다면,
   그것은 무엇이었나요?

나는 내 안의 기준으로
나를 바라본다

우리는 살아가며 다른 사람들로부터 수많은 판단을 받는다. 말 한마디, 표정 하나에도 평가가 따라붙고 때로는 나를 전혀 모르는 이들의 시선이 삶의 방향을 흔들기도 한다. 그렇게 우리는 점점 타인의 기대에 맞춰 말하고 행동하게 되고 결국 그 틀 안에서 진짜 나를 잃어간다.

하지만 삶에서 가장 중요한 판결은 밖이 아닌 안에서 내려진다. 진짜 재판장은 언제나 내 안에 있다. 나를 단단하게 세우는 것도, 무너뜨리는 것도 결국은 내 안의 판단이다. 세상의 기준보다 중요한 것은 내면 깊숙이 자리한 자기만의 법정에 나 자신을 정직하게 세우는 일이다.

삶을 판단하는 진짜 법정은
내 안에 있다

몽테뉴는 남의 눈보다 자신의 양심을 더 중요하게 여겼다. 외부의 법보다 내면의 기준을 더 철저히 따랐다. 그의 삶은 끊임없이 자신을 심문하고 그 판단에 책임지는 과정이었다. 법관으로 살아온 그는 자신의 삶 또한 하나의 재판처럼 바라보았다. 언제나 스스로를 증인으로 세우고 스스로에게 판결을 내렸다.

> "나는 나 자신을 누구보다 더 엄하게 단죄한다. 양심은 외부의 판결보다 훨씬 더 날카롭다. 자유의 흔적이 없는 행동은 진정한 것도 명예로운 것도 아니다."

그에게 양심은 단순한 감정이나 순간적인 자책이 아니었다. 그것은 내면의 법정에서 스스로를 심판하는 가장 정직한 증인이자 판사였다. 세상의 평가가 아무리 후하더라도 스스로에게 떳떳하지 않다면 그는 그 판단을 받아들이지 않았다. 오히려 자신의 마음에 걸리는 한 조각의 위선조차도 과감히 물리칠 줄 아는 사람이었다.

법관으로 일하던 시절조차도 몽테뉴는 타인의 죄보다 자신의 내면을 더 깊이 들여다보았다. 그는 세상을 관찰했지만 그 시선은 언제나 자신을 향해 있었고 타인을 이해하려는 노력도 결국 자기 안의 어둠을 더 정직하게 응시하기 위한 시도였다.

그래서 그는 인간은 타인을 판단하는 데 힘을 쏟기보다 스스로를 성찰하는 데 더 많은 에너지를 기울여야 한다고 했다. 왜냐하면, 가장 중요한 재판은 바깥이 아니라 바로 이 안에서 자기 자신에 의해 매일 열리고 있기 때문이다.

> "양심은 우리를 있는 그대로 드러낸다. 때론 우리를 고발하고 우리 자신과 맞서 싸우게 만든다. 다른 어떤 증인이 없어도 양심은 우리 안에서 우리 자신을 반대 증인으로 세운다."

몽테뉴는 자기기만을 가장 경계했다. 그에게 진실은 자기 안의 침묵과 고통을 뚫고 도달해야 하는 어떤 내밀한 감각이었다. 그는 알았다. 어떤 순간에도 자유롭게 말하고 행동할 수 있으려면 내면의 동기와 의지를 정직하게 들여다보는 일이 선행되어야 한다는 것을 말이다.

> "양심은 우리를 두려움으로 채우기도 하지만 동시에 확

신과 자신감으로도 채워준다. 그래서 나는 수많은 위기의 순간마다 내 뜻의 순수함과 의지에 대한 내면의 확신이 있을 때 훨씬 더 단단한 걸음으로 앞으로 나아갈 수 있었다고 말할 수 있다."

그는 언제나 자기 안의 목소리를 먼저 들었다. 어떤 선택을 할 때 그것이 외부의 시선 때문인지, 욕망 때문인지, 아니면 정말로 옳다고 믿기 때문인지를 스스로에게 끊임없이 물었다. 그는 외부의 평가에 휘둘리지 않고 자기 안의 기준으로 방향을 정했다. 더디고 불편한 길일지라도 그 길만이 자신을 자유롭고 단단하게 만든다는 사실을 잘 알고 있었다.

"다른 사람을 의식해 행동을 제한할 수는 있어도 나의 행동을 넓히는 기준은 언제나 내 자신이다. 누가 충직하고 누가 비겁한지는 그 사람 스스로만이 알 수 있다. 세상은 그저 겉모습으로 짐작할 뿐이다. 그러니 그들의 판단보다 자신의 판단을 따르라."

몽테뉴는 외부의 법보다 먼저 자기 안의 법을 세웠다. 남의 재판보다 앞서 자기 자신을 재판했다. 그것이야말로 혼란한 세상 속에서도 흔들리지 않고 자신을 지키는 가장 단단한 방식이었다.

우리는 매일 스스로를 판단한다. 하지만 그 판단이 타인의 기대나 세상의 소음에 흔들린 것이라면 삶의 방향 역시 그만큼 쉽게 흐트러진다. 결국 나를 무너뜨리는 것도, 지켜내는 것도 내 안의 목소리다. 그러니 이제는 세상의 판결보다 자기 내면의 양심에 더 귀 기울일 시간이다. 삶을 바로 세우는 진짜 법정은 언제나 내 안에 있으므로.

세상의 기준을 걷어내고 나를 보다

오늘을 살아가는 우리는 매일 누군가의 시선을 의식하며 살아간다. 말과 행동, 선택의 방향까지도 어느새 타인의 기대와 세상의 기준에 맞춰 조정된다. 때로는 그 기준에 따라 잘 살아가고 있는 듯 보이지만, 마음 한편에서는 조용한 괴리가 자란다. '이게 정말 나의 삶인가?'라는 물음이 피어나는 순간, 우리는 이미 내면의 법정에서 자신을 잃어가고 있는지도 모른다.

몽테뉴는 그 물음에 가장 먼저 응답한 사람 중 하나였다. 그는 외부의 소음보다 자기 안의 목소리에 귀를 기울였다. 스스로를 가장 자주 심문했고 가장 정직하게 재판했다. 그것은 고통스러운 과정이었지만 동시에 자신을 지키는 유일한 길이기도 했다.

우리에게도 그 길은 열려 있다. 타인의 평가에 흔들리지 않고 자신의 판단을 믿을 용기를 낼 때 우리는 점점 더 단단한 사람이 되어간다. 삶은 결코 완벽하지 않다. 우리는 실수하고, 후회하고, 주저하기도 한다. 그러나 내면의 기준을 잃지 않는다면 그 모든 흔들림조차도 결국 나를 단단하게 만드는 재료가 된다.

몽테뉴가 우리에게 남긴 위로는 이것이다. 다른 누구도 아닌, 오직 나만이 나를 판단할 수 있다는 사실이다.

오늘의 사유

오늘은 '나만의 법정'에 나 자신을 조용히 세워보는 시간을 가져보세요. 타인의 기준이 아닌 내면의 목소리 앞에 정직하게 마주 서는 일, 그것이 진짜 나를 지켜내는 시작입니다. 지금의 나를 증언하듯 써 내려가 보세요.

1. 나는 오늘 어떤 판단을 내렸나요? 그 판단은 세상의 기준에서 비롯된 것인가요, 내면의 기준에서 나왔나요?

2. 지금 나의 삶에서 조용히 경고를 보내고 있는 양심의 신호는 무엇인가요?

3. 누군가의 기대에 맞추기 위해 나를 억누른 순간이 있었다면, 나는 그때 내 안의 목소리를 어떻게 다뤘나요?

깊은 숙고 끝에 내린 결심은
흔들림이 없다

　우리는 때때로 충동적으로 선택하고 그 선택 앞에서 쉽게 흔들린다. 마음이 복잡할수록 빠른 결정을 내리고 싶어지고 조급함은 깊은 숙고를 방해한다. 하지만 진짜 단단한 결심은 언제나 깊고 고요한 내면의 사유에서 비롯된다. 오래 생각하고 충분히 되묻고 마음이 가라앉은 후에 내린 결심은 외풍에 흔들리지 않는다. 마음의 방향이 중심에 닿을 때 우리는 비로소 흔들림 없이 나아갈 수 있다.

**생각이 깊을수록
선택은 단단해진다**

　충동은 빠르고 자극적이다. 반면, 숙고는 느리고 고요하다. 많은 이들이 빠른 선택이 곧 현명한 판단이라 믿지만 몽테뉴는 그 반대였다. 그는 결정을 내리기 전 언제나 한 걸음 물러났다. 질문하고, 관찰하고, 스스로에게 되묻는 과정을 거치며 마음을 가라앉혔다. 깊은 숙고 끝에 내린 결심만이 진짜 자신의 길이 될 수 있다는 것을 그는 누구보다 잘 알고 있었다.

> "깊은 숙고 끝에 자신만의 길을 정했다면 그는 가장 훌륭한 길을 택한 셈이다. 그러나 안타깝게도 그런 결심에 이르는 사람은 드물다."

몽테뉴는 묵묵히 숙고하는 사람을 더 신뢰했다. 그의 관심은 결과보다 결정에 이르기까지의 과정에 있었다.

> "모든 덕은 반성과 숙고에서 시작된다. 그리고 그것이 완성되는 지점은 흔들림 없는 확고함이다."

결심은 조용히 무르익어야 단단해진다. 마음이 복잡할수록 빠르게 결정하고 싶은 충동이 커지지만 그럴수록 판단은 가벼워지고 후회는 깊어진다. 몽테뉴는 이를 알았기에 결정의 순간마다 자신을 한없이 낮추고 판단력을 시험대에 올려 세웠다. 《에세》는 그런 그의 사유 방식이 고스란히 담긴 기록이다.

> "판단력은 모든 일에 쓰이는 도구이며 어디서든 개입한다. 그래서 이 '에세이'라는 글쓰기를 통해 나는 어떤 주제든, 어떤 계기든 모두 판단력의 시험대로 삼는다."

그는 주제의 크기나 깊이에 상관없이 다가갔다. 오히려 어려운 문제일수록 가까이 파고들기보다 물가에서 바라보듯 조심스럽게 살폈다. 감히 건널 수 없는 깊은 지점에서는 스스로 물러설 줄 알았다. 그것이 자신의 능력 밖이라는 사실을 솔직히 인정했다.

몽테뉴에게 숙고란 판단을 내리기 전에 스스로에게 충분히 질문을 던지는 과정이었다. 이런 태도는 그의 삶 전체에 깊이 스며들어 있었다. 그는 언제나 특별한 근거보다 정직하고 공정한 선택을 가장 안전한 길로 여겼다.

> "각 사건의 다양한 특성과 복잡한 상황 때문에 최선의 선택을 쉽게 파악하기 어려울 때 내가 생각하는 가장 확실한 길은 단 하나다. 특별한 이유가 없더라도 언제나 가장 정직하고 공정한 선택을 하는 것이다."

그에게 판단은 머리로 따지는 계산이 아니었다. 그것은 양심과 태도의 문제, 곧 삶의 철학이었다. 최선이 무엇인지 알 수 없을 때는 올바른 것을 따르는 것이 결국 최선이라는 믿음. 그는 그런 신념을 지키기 위해 빠른 결정보다 깊은 사유를 택했다.

그렇다고 그가 고집스러운 사람은 아니었다. 몽테뉴는 타인의 의견을 경청할 줄 알았다. 자신을 고립된 확신 속에 가두지 않고, 열린 태도로 다양한 시선을 받아들였다.

> "나는 모든 의견을 너그럽고 공손하게 들으려 한다. 그러나 내 기억이 닿는 한, 나는 오직 내 의견만을 신뢰해 왔다."

그의 이 말은 아집의 표현이 아니라 충분히 듣고 충분히 판단한 후 그 판단에 스스로 책임지는 태도를 뜻한다. 그는 숙고 끝에 내린 자신의 결정을 누구보다 신뢰했고 그것이 자신의 삶을 책임지는 유일한 방식임을 알고 있었다.

그런 점에서 몽테뉴는 숙고하는 인간의 전형이었다. 눈부신 영웅적 결단은 없었지만 조용하고 단단한 내면의 질서를 지키며 살아간 사람이었다. 성급한 선택보다는 오래 바라보고 스스로를 납득시키는 방식으로 삶을 구성했고 그렇기에 그의 삶은 외풍에도 쉽게 무너지지 않는 단단함을 가질 수 있었다.

**내 삶의 속도를
내 마음이 결정할 수 있다면**

우리는 빠르게 판단하고 즉시 행동할 것을 강요받는 시대를 살고 있다. 빠른 결단이 능력처럼 여겨지고 머뭇거림은 무능으로 오해받는다. 그러나 모든 선택이 빨라야만 옳은 것은 아니다. 오히려 가장 중요한 선택일수록 오래 생각하고 천천히 결정할 필요가 있다.

몽테뉴는 그것을 삶으로 증명한 사람이었다. 그는 어떤 상황 앞에서도 먼저 자신에게 묻고 충분히 질문하고 그 답을 기다릴 줄 알았다. 그리고 그 과정에서 내린 결심만을 따랐다. 단단한 삶은 그렇게 천천히 쌓였다.

지금의 우리에게도 그 태도는 큰 위로가 된다. 너무 빨리 결정하지 않아도 괜찮다. 실수를 두려워하며 조급해지지 않아도 된다. 중요한 것은 스스로 납득할 수 있는 판단을 내릴 수 있을 만큼 자신을 이해하려는 노력이다.

숙고는 나를 위한 시간이다. 남들이 달리는 속도에 휘둘리지 않고 내 마음이 결정한 속도로 걷는 일이다. 그 길이 결국 나를 지켜주고 삶을 단단하게 만드는 힘이 된다.

지금 무엇인가를 결정해야 한다면 오늘 하루만큼은 그 결정을 서두르지 않아도 좋다. 조용한 시간을 견디고 스스로를 납득시킨 후에 내리는 결심은 결코 흔들리지 않을 것이다. 그리고 그것이야말로 몽테뉴가 우리에게 남긴 가장 단단한 가르침이다.

오늘의 사유

오늘은 결정을 서두르지 않아도 괜찮습니다. 천천히 마음을 바라보며 나만의 속도로 판단해 보세요. 그 느린 숙고가 진짜 결심을 만드는 시작이 될 수 있습니다.

1. 나는 최근 어떤 결정을 너무 서둘러 내리진 않았나요?

2. 지금 고민하고 있는 선택은 진심으로 내가 원하는 방향인가요,
   타인의 기대에 맞춘 것인가요?

3. 내가 과거에 내렸던 '흔들리지 않는 결심'은 무엇이었나요?

5장

죽음을 마주할수록 삶은 더 선명해진다

마지막 날이 오기 전까지는
아무도 알 수 없다

삶은 늘 흘러가는 중이다. 그럼에도 우리는 마치 모든 것이 결정된 듯 살아간다. 타인의 삶을 쉽게 단정하고 자신의 인생마저도 성급히 속단한다. 하지만 진실은 아무도 모른다. 마지막 날이 오기 전까지 그 삶이 어떤 의미를 지녔는지는 끝에서야 비로소 드러난다. 아직 닫히지 않은 삶의 문 앞에서 우리는 겸허해질 수밖에 없다. 마지막 문장이 쓰이기 전까지 어떤 인생도 완성이라 부를 수 없기 때문이다.

**삶은 끝에서야
비로소 드러난다**

우리는 삶을 중간에 평가하려는 습관을 가지고 있다. 누군가의 성공을 보면 "그는 행복한 삶을 살았다"라고 말하고, 실수를 저지르면 "그는 실패한 인생이다"라며 단정 짓는다. 하지만 몽테뉴는 전혀 다른 시선을 가졌다. 그는 삶의 참된 의미는 마지막 순간에 이르러서야 비로소 드러난다고 믿었다.

몽테뉴는 삶을 긴 연극에 비유했다. 우리는 모두 각자의 역할을 수행하며 무대 위를 살아간다. 연극은 마지막 장면이 끝났을 때 비로소 하나의 이야기로 완성된다. 아무리 화려하게 시작하고 훌륭하게 이어진 인생이라 해도 그 끝을 어떻게 마무리했는지에 따라 삶의 전체적인 의미는 달라질 수 있다고 그는 말한다.

> "나는 다른 사람의 삶을 평가할 때 항상 그 마지막 순간을 중요하게 생각한다. 그리고 내 삶에서 가장 중요한 관심사 중 하나는 마지막을 잘 맞이하는 것, 즉 고요하고 담담하게 죽음을 받아들이는 것이다."

그에게 삶이란 끝을 향해 가는 과정이었다. 그 과정은 불확실하고 변화무쌍하기에 누구도 미리 완성을 선언할 수 없었다. 중요한 것은 중간의 평판이나 일시적인 성취가 아니라 끝까지 자신답게 살아가는 일이었다. 그래서 그는 마지막 순간까지 삶의 방향을 스스로 붙들고자 했다.

"인생은 불확실하고 변화무쌍하여 작은 일 하나로도 예상치 못한 방향으로 흘러가곤 한다. 그래서 아무리 운이 좋아 보이는 사람이라도 그의 생애 마지막 날이 오기 전까지는 섣불리 '행복한 사람'이라 부를 수 없다는 것이다."

이러한 그의 사유는 실제로 자신의 삶에 적용한 삶의 태도였다. 그는 명예와 권력을 누리던 시기를 뒤로하고 스스로 관직을 내려놓고 은둔의 삶을 택했다. 보르도 시장으로 재직할 때도 그는 외적인 성공보다는 내적인 평온을 더 중시했다. 책임을 다하되 욕심 없이 자신만의 속도로 일했다. 타인의 시선을 의식하지 않고 마지막까지 자신답게 살기를 바랐던 몽테뉴는 그렇게 삶을 정리해 나갔다.

그 선택은 많은 이들에게 이해되지 않았지만, 몽테뉴는 마지막까지 자신의 방식대로 살아가고 마무리하고자 했던 사람이었다. 그는 한 사람의 삶에서 진정으로 주목해야 할 것은 마지막 순간에 보이는 침착함과 평온함이라고 말한다. 누구나 말로는 삶을 정리한다. 하지만 정작 죽음을 앞에 두고 무너지는 경우를 그는 수도 없이 보았다. 그래서 그는 단호하게 덧붙인다.

"우리 삶에서 변함없는 행복은 선한 본성을 지닌 마음이 느끼는 평온과 만족, 그리고 잘 다스려진 영혼의 단단함과 침착함에 달려 있다. 그러나 인생이라는 연극의 마지막 장—아마도 가장 어려운 순간—을 어떻게 마무리하는지 보기 전까지는 그 행복이 진정 그 사람의 것이라고 단정하지 말아야 한다."

몽테뉴의 철학은 말끝이 아니라 태도에서 빛난다. 그는 마지막을 두려워하지 않았다. 오히려 죽음을 삶의 일부로 받아들이고 그 순간까지 단단히 준비하는 자세를 삶 전체에 스며들게 했다. 그래서 그는 말한다.

"삶을 의미 있게 보냈다면, 그것으로 충분하다. 이제 만족하며 떠나라."

삶은 살아 있는 동안만이 아니라 어떻게 끝났는가에 의해서도 평가된다. 그렇기에 우리는 쉽게 남의 삶을 재단하지 말아야 하며 자신의 삶조차 끝나기 전엔 속단하지 말아야 한다. 인생의 마지막 페이지는 아직 쓰이지 않았다. 그리고 그 마지막 문장이 우리의 모든 앞 문장을 다시 읽히게 만든다.

몽테뉴는 우리에게 알려준다. 삶의 진실은 마지막까지 살아낸 사람만이 말할 수 있다고. 그러니 오늘의 우리는 완성되지 않은 존재로서 겸허히 살아가야 한다. 마지막 장면이 쓰이기 전까지 어떤 인생도 평가받아선 안 된다. 그것이 몽테뉴가 우리에게 남긴 조용하지만 깊은 가르침이다.

삶은 끝날 때까지
끝난 게 아니다

우리의 삶은 아직 쓰이는 중이다. 그럼에도 우리는 너무 쉽게 결론을 내린다. 한 사람의 인생을 몇 장면으로 단정하고 아직 끝나지 않은 자신의 삶에도 조급히 의미를 덧씌운다. 그래서 몽테뉴의 사유는 지금을 살아가는 우리에게 조용한 위로가 된다. 지금의 실패가 인생의 전부는 아니며 아직 우리는 새로운 문장을 써갈 수 있다는 뜻이기 때문이다.

몽테뉴의 사유를 오늘의 삶에 비추면 우리는 조금 더 겸손해질 수 있다. 누구의 삶도 그 끝을 보기 전까지는 평가할 수 없고 어떤 고통도 결국 지나갈 여지가 있다. 지금의 내가 흔들리고 있더라도 그것이 곧 인생의 낙인이 되지는 않는다. 우리는 마지막 문장을 어떻게 쓸지를 선택할 수 있는 존재이기 때문이다.

그러니 아직 닫히지 않은 인생 앞에서 조급함보다 성찰을, 비교보다 자기만의 진실을 선택해야 한다. 삶의 마지막 순간까지 자신을 지켜낸 사람만이 진정 자신의 이야기를 완성할 수 있다. 몽테뉴가 보여준 것은 바로 그런 태도였다. 아직 끝나지 않았다는 사실만으로도 우리는 다시 살아갈 이유를 가진다.

오늘의 사유

삶은 아직 끝나지 않았습니다. 그러니 지금의 모습만으로 자신을 단정하지 마세요. 마지막 문장이 쓰이기 전까지 우리는 언제든 다시 써 내려갈 수 있는 존재입니다.

1. 나는 지금까지의 삶을 어떻게 바라보고 있었나요?

2. 내 인생의 마지막 문장을 내가 쓴다면, 지금 어떤 방향으로 살아가야 할까요?

3. 나는 타인의 삶을 얼마나 쉽게 단정해 왔나요?

죽음을 바라보는 눈이
삶을 더 선명하게 비춘다

 삶은 중심을 잃은 채 흘러갈 때가 많다. 바쁘게 움직이지만 정작 무엇을 향해 가는지조차 흐릿할 때가 있다. 그런 삶 앞에 어느 순간 죽음이라는 불청객이 불쑥 다가온다. 그 시선은 삶의 속도를 잠시 멈추게 하고 잊고 지냈던 본질로 마음을 돌려세운다. 죽음을 외면할수록 삶은 희미해지지만 죽음을 직면할수록 삶은 또렷해진다. 삶을 정면으로 바라보게 하는 힘, 그것이 바로 죽음을 바라보는 시선이다.

**죽음을 바라보는 눈으로
다시 삶을 보다**

 몽테뉴는 단지 죽음을 이론으로만 이해한 철학자가 아니었다. 그는 죽음을 가까이에서 응시하며 그것을 자신의 삶에 가장 실제적인 스승으로 받아들였다. 평온했던 일상에서 갑작스레 찾아온 낙마 사고는 그에게 깊은 각성을 안겨주었다. 말에서 떨어진 그는 의식을 잃었고 핏덩이를 토해내며 삶과 죽음의 경계에 서야 했다. 그는 그 순간을 잊지 않았다.

> "나는 이미 고통스러운 삶을 받아들였다. 그 고통 속에서 오히려 위안을 찾고 희망을 발견하며 살아갈 지혜를 얻는다."

그 사건은 단순한 사고가 아니었다. 그것은 삶의 겉모습을 걷어내고 그의 존재를 가장 본질적인 물음 앞에 세워놓은 경험이었다.

이후에도 그는 결석이라는 만성 질환에 시달렸다. 시도 때도 없이 경련을 일으키고 검고 진한 오줌을 쏟아내며 피를 토하고 쓰러지기를 반복했다. 그는 그 고통도 외면하지 않았다. 그 안으로 들어갔다. 그리고 그 속에서 죽음과 화해하는 법을 배웠다. 병은 그에게 삶을 있는 그대로 마주할 용기를 주었고 당연하게 여겼던 많은 것들을 다시 보게 했다. 그때 그는 알게 되었다. 삶은 선명함보다도 흐릿함 속에서 진실에 닿는 법이라는 것을.

"살아 있는 순간조차도 죽음의 일부다."

태어난 순간부터 우리는 죽음을 향해 나아간다. 죽음은 언젠가 맞이해야 할 끝이 아니라 지금 이 순간도 함께 존재하고 있는 그림자다. 그 그림자를 바라볼 수 있을 때 우리는 지금의 삶을 낯설게 바라볼 수 있다. 이전에 보지 못했던 것들이 선명하게 드러난다. 그에게 죽음은 삶을 다시 돌아보고 의미를 되새길 수 있는 기회였다.

"기쁨을 누리는 순간에도 우리 삶의 본질을 잊지 말자. 우리가 즐기는 모든 순간이 결국 죽음을 향한 여정의 일부이며 죽음은 언제든 우리 곁에 있을 수 있음을 명심해야 한다."

우리는 종종 삶을 채우는 데에만 급급해한다. 하지만 죽음을 곁에 두면 무엇을 덜어내야 할지를 비로소 알게 된다. 죽음은 삶의 속도를 늦추는 동시에 삶의 밀도를 깊게 만든다.

그는 철학을 글로 주장하기보다 태도로 증명한 사람이었다. 고통 속에서도 삶의 균형을 잃지 않았고 절망 속에서도 희망의 자리를 마련했다. 죽음이 가까워질수록 그는 더욱 담담해졌다. 그 담담함은 체념이 아니라 죽음을 정직하게 응시한 자만이 가질 수 있는 평온이었다.

> "두려움 없이 죽음을 받아들여라. 우리는 생명을 얻었던 그 길을 따라 다시 죽음으로 향할 뿐이다. 죽음은 우주 질서의 일부이며 자연의 순리이다."

그는 인간의 연약함을 잘 알았고 스스로의 나약함을 감추려 하지 않았다. 그는 묵묵히 그 나약함과 함께 걸어갔다.

> "인생의 궁극적인 종착지는 죽음이며 우리는 누구나 그 길을 향해 가고 있다."

이 자각은 그에게 어떤 순간도 헛되이 흘려보내지 않게 만들었다. 죽음을 아는 자만이 오늘을 제대로 살 수 있다는 사실을 그는 몸으로 증명했다.

죽음을 바라보는 눈은 결국 삶을 다시 바라보는 눈이다. 몽테뉴는 그 눈으로 고통을 껴안았고 그 껴안음으로 자신의 삶을 가장 또렷한 색으로 채워갔다. 죽음을 피하지 않을 때 비로소 우리는 지금 이 삶에 대해 진지해질 수 있다. 그리고 그 진지함이야말로 흔들리는 순간에도 삶을 단단히 살아가게 하는 힘이 된다.

**끝을 의식할 때
비로소 시작이 진지해진다**

죽음을 응시했던 몽테뉴의 태도는 오늘을 살아가는 우리에게 깊은 질문을 던진다. 우리는 종종 삶이 영원할 것처럼 여기며 매일을 습관처럼 흘려보낸다. 하지만 죽음이 언제든 찾아올 수 있다는 자각은 삶의 표면을 걷어내고 본질을 다시 보게 만든다.

몽테뉴처럼 죽음을 곁에 두고 살아간다면 우리는 더는 무의미한 말과 행동에 자신을 소모하지 않을 것이다. 당연하게 여겼던 하루가 선물처럼 느껴지고 관계 하나, 말 한마디에도 마음을 담게 된다. 오늘이 마지막일 수도 있다는 자각은 삶을 비로소 내 것으로 만든다.

이 시대를 살아가는 우리에게 필요한 것은 속도를 늦추고 진심을 회복하는 태도다. 불확실한 세상 속에서도 끝을 자각하는 사람은 방향을 잃지 않는다. 수많은 정보와 자극에 쫓기며 살아가는 지금, 죽음을 곁에 두는 태도는 오히려 삶을 더욱 생생하게 만들고 본질적인 선택 앞에서 나를 중심에 두게 만든다.

    죽음은 삶의 끝이 아니라 삶을 더 깊이 사랑하게 하는 시작이 된다. 고통과 상실, 불안이 삶을 덮쳐올 때 우리는 선택할 수 있다. 피하지 않고 그 안을 들여다보는 것. 그리고 그 순간조차 삶의 일부로 껴안는 것. 몽테뉴가 보여준 그 단단한 내면의 태도는 이 시대를 사는 우리 모두가 배워야 할 삶의 방식이자, 여전히 우리 안에 깃들 수 있는 가능성이다.

오늘의 사유

삶은 유한하고, 오늘이 마지막일 수도 있다는 사실을 떠올려 보세요. 그 인식만으로도 평범한 일상이 전혀 다른 의미로 다가올 수 있습니다. 오늘 당신만의 문장으로 삶을 써 내려가 보세요. 죽음을 직시하는 시선이 당신의 삶을 더 또렷하게 밝혀줄 테니까요.

1. 내가 지금 하고 있는 선택은, 오늘이 마지막 날이라 해도 후회 없이 이어갈 수 있나요?

2. '죽음'이라는 단어를 떠올릴 때 가장 먼저 스치는 감정은 무엇인가요?

3. 죽음을 피하지 않고 껴안는다면, 나는 오늘 무엇을 덜어내고 무엇을 더 품어야 할까요?

죽음을 배우는 건
삶을 다시 쓰는 일이다

우리는 마치 삶이 영원히 계속될 것처럼 살아간다. 하지만 삶은 유한하고 죽음은 언제나 예고 없이 찾아온다. 그 단순하고도 분명한 진실을 진심으로 받아들이는 순간 익숙했던 삶의 장면들이 전혀 다른 의미로 다가오기 시작한다. 죽음을 배운다는 것은 지금의 삶을 다시 써 내려가는 일이다. 무엇을 더 채울 것인가보다 무엇을 남길 것인가를 묻게 된다. 그렇게 죽음을 곁에 둘 때 삶을 당연하게 여기지 않게 된다. 하루하루가 소중한 한 장의 원고처럼 느껴지고, 그 위에 어떤 문장을 써 내려갈지 스스로에게 진지하게 묻게 된다.

**죽음을 곁에 두고
오늘을 다시 쓰다**

몽테뉴는 죽음 앞에 가장 진지하게 머물렀던 사람이었다. 귀족으로 태어나 법관이자 보르도 시장으로 안정된 삶을 누릴 수 있었지만, 그는 스스로 그 자리를 내려놓고 탑 안에 들어가 글을 쓰는 길을 택했다. 겉으로 보면 성공과 안정을 포기한 선택이었지만 그 이면에는 삶의 근본을 다시 묻고자 했던 깊은 자각이 있었다. 삶이란 무엇이며, 어떻게 살아야 하는가? 그리고 죽음을 어떻게 받아들여야 하는가를 깊이 고민했다.

그가 탑 안에서 《에세》를 써 내려간 것도 바로 그 이유였다. 몽테뉴는 삶과 죽음을 사유함으로써 삶을 더 깊이 이해하고 오늘을 더 충실히 살아가려고 했다. 특히 죽음에 대해 내면의 기준을 세우고자 했다.

> "인생의 궁극적인 종착지는 죽음이며 우리는 누구나 그 길을 향해 가고 있다."

이 단순한 진실을 진심으로 받아들여야 삶을 바라보는 눈이 달라진다. 몽테뉴에게 죽음은 두려움의 대상이 아니었다. 삶의 방향을 정비하게 해주는 거울이었다. 그는 삶을 제대로 살고자 한다면 반드시 죽음을 곁에 두고 사유해야 한다고 보았다.

그가 죽음을 깊이 성찰하게 된 데는 개인적 상실과 시대적 현실이 크게 작용했다. 사랑하는 이를 잃은 아픔을 여러 차례 겪으며, 그는 죽음을 인간 존재의 실존적 문제로 받아들였다. 비탄에 잠기기보다는 묵묵히 받아들이고 그 의미를 조용히 되새기며 자신의 태도를 다시 세워갔다.

또한 그가 살던 16세기 프랑스는 죽음이 일상처럼 가까이 있는 시대였다. 가톨릭과 개신교 간의 종교 전쟁은 곳곳에서 수많은 생명을 앗아갔고, 페스트는 도시 전체를 순식간에 무너뜨렸다. 몽테뉴는 두 차례나 가족과 함께 지방으로 피신하며 죽음이 어떻게 일상을 침범하는지를 목격했다. 가까운 이들이 하루아침에 병으로 쓰러지는 모습도 보았다. 그로 인해 죽음을 먼 종말이 아닌 삶의 일부로 인식하게 되었다.

그래서 그는 죽음을 외면하지 않았다. 오히려 정면으로 응시하며 매일의 삶을 다듬는 기준으로 삼았다.

"나는 언제나 삶을 기준 삼아 죽음을 바라본다."

삶과 죽음은 분리된 것이 아니라 서로를 비추는 거울이라는 그의 생각은 우리가 지금 이 순간을 어떻게 살아야 하는지를 되묻게 한다. 그는 죽음을 사유할수록 삶이 더욱 선명해진다고 믿었다. 우리는 죽음이 멀리 있다고 생각하지만 몽테뉴는 다르게 말한다.

"너희가 살아가는 이 순간은 삶뿐만 아니라 죽음에도 속해 있다. 태어나는 순간부터 우리는 삶과 함께 죽음을 향해 나아간다."

그는 죽음을 의연히 받아들이는 태도가 삶의 품격을 결정한다고 보았다. 두려움 없이, 근심 없이 마지막까지 자신을 지키는 태도야말로 진정한 자유의 표현이었다.

"죽음을 가장 용감하고 자연스럽게 대하는 자세란 그 순간을 두려움 없이 마주할 뿐 아니라 근심 없이 받아들이는 것이다. 죽음을 향해 가면서도 마치 살아 있듯 자유롭게 삶의 길을 계속 걷는 것. 그것이 진정한 경지다."

몽테뉴에게 죽음을 준비하는 일은 유언장을 쓰는 것도, 병을 대비하는 것도 아니었다. 그것은 지금의 나를 다시 쓰는 일이며 매일을 더 진실하게 살아가는 훈련이었다. 삶의 끝을 생각하는 사람이야말로 삶의 본질을 가장 깊이 꿰뚫을 수 있다. 죽음을 묵상한다는 것은 오늘을 다시 살아내겠다는 결심과 다르지 않다.

몽테뉴는 말한다. 삶의 완성은 죽음에 있다고 말이다. 그러나 그 죽음은 끝이 아니다. 오히려 지금의 삶을 더 치열하게, 더 진심으로 살아가기 위한 가장 철저한 준비다. 죽음을 진지하게 배우는 사람이야말로 비로소 삶을 가장 진심으로 써 내려갈 수 있다.

**죽음을 곁에 둘 때
삶은 진심이 된다**

몽테뉴의 철학은 죽음을 두려워하지 않으려는 의지가 아니다. 죽음을 곁에 둔 채 오늘을 진심으로 살아가려는 태도에서 비롯된다. 그는 말한다. 죽음을 외면할수록 삶은 흐릿해지고, 죽음을 직시할 때 삶은 비로소 제 얼굴을 드러낸다고. 죽음은 지금의 나를 비춰보게 하는 삶의 거울이다. 그 거울에 자신을 비추는 사람만이 삶의 불필요한 번다함을 덜어내고 진정 소중한 것을 식별할 수 있다. 오늘의 말과 행동, 표정과 태도, 그리고 관계를 맺는 방식까지 달라지기 시작한다.

우리는 흔히 더 많은 것을 이루고 더 높이 올라가야만 삶이 가치 있다고 믿는다. 그러나 몽테뉴는 우리에게 전혀 다른 사유를 건넨다. 무엇을 더 성취할 것인가보다, 어떻게 더 깊이 사유하고 어떤 의미를 남길 것인가를 먼저 물으라고 말이다. 그는 죽음을 사유하는 일이야말로 매일의 삶을 단정히 살아내기 위한 실천의 출발점임을 보여준다.

죽음을 의식한다는 것은 내일이 반드시 오리라는 보장을 내려놓는 일이다. 그 자각은 우리를 더 절실하게, 더 진심으로 오늘을 살게 만든다. 죽음을 배운다는 것은 삶을 사랑하는 가장 깊은 방식이다. 그리고 그 배움은 지금 이 순간 나를 다시 써 내려가기 위한 조용하지만 단단한 시작이 된다.

오늘의 사유

지금, 당신은 어떤 마음으로 오늘을 살고 있나요? 삶의 마지막을 떠올려 보는 이 시간은 곧 당신이 어떻게 살고 싶은지를 스스로에게 묻는 시간입니다. 죽음이라는 거울에 비친 오늘의 나를 통해, 지금 이 순간을 더 진실하게 살아갈 단서를 발견해 보길 바랍니다.

1. 지금 진심으로 남기고 싶은 말 한마디가 있다면,
   누구에게 어떤 이야기를 전하고 싶나요?

2. 나는 지금의 삶을 후회 없이 살아가고 있나요?
   그렇지 않다면, 어디서부터 다시 써 내려가고 싶나요?

질병은 죽음과 화해하도록
도와주었다

우리는 건강할 때 죽음을 멀리 있는 일처럼 여긴다. 하지만 몸이 아프면 삶의 속도는 멈추고 그동안 외면해 왔던 근본적인 물음들이 조용히 고개를 든다. 고통은 삶의 가장 현실적인 경계이자 우리가 진짜 살아 있음을 깨닫게 하는 가장 구체적인 순간이다.

질병은 때때로 삶을 멈추게 하지만 그 멈춤 속에서 우리는 묻는다. "지금의 삶은 정말 나의 것인가?" 이 물음은 단지 병든 사람에게만 주어지는 것이 아니다. 삶을 제대로 살고자 하는 이들이 한 번쯤은 반드시 건너야 할 내면의 강이다.

질병이 나를
삶의 본질로 데려갔다

삶은 늘 건강을 전제로 움직인다. 하지만 병이 찾아오면 당연하게 여겼던 일상의 많은 것들을 새롭게 바라보게 된다. 질병은 몸의 기능을 멈추게 할 뿐 아니라 존재에 대한 질문을 다시 시작하게 만든다. 그래서 질병으로 인한 고통은 죽음을 사유하게 하는 깊은 통로가 되어준다. 몽테뉴 또한 그 길을 조용히 통과해 온 사람이었다.

그는 오랜 지병으로 극심한 고통을 겪었고, 몇 번은 생명의 경계까지 다다르기도 했다. 하지만 그는 그 병 앞에서도 절망하거나 두려움에 휩싸이지 않았다. 오히려 병을 통해 죽음과 화해하는 법을 배워갔다. 그는 이렇게 말한다.

> "나는 이 결석을 통해 한 가지 유익은 얻고 있다. 스스로는 해내지 못했던 죽음과 화해하는 일을 이 병이 대신 해주고 있다는 점이다. 고통이 나를 짓누를수록 죽음은 점점 덜 두려운 것이 된다. 사실 나는 이미 어느 정도 그 단계에 도달했다. 지금은 단지 살아 있으므로 삶을 붙잡고 있을 뿐이다. 언젠가는 이 병이 삶에 대한 이 마지막 미련마저 풀어 줄 것이다."

질병은 그에게 삶의 겉을 벗기고 본질을 마주하게 한 스승이었다. 이전에는 당연하게 여겼던 욕망과 자만, 건강과 쾌락에 대한 집착이 병의 시간 속에서 서서히 내려앉았다. 그는 병을 통해 죽음을 받아들이기 시작했다. 병은 그에게 언젠가 마주해야 할 자기 삶의 일부로 받아들이게 했다.

"나는 건강할 때보다 아플 때 죽음을 더 담담하게 받아들일 수 있음을 깨달았다. 삶의 즐거움에서 멀어질수록 그것에 대한 집착이 줄어들고 죽음이 더 이상 두렵지 않게 느껴진다."

그는 병을 견디는 과정에서 철학이 실제로 삶을 지탱해 주는지를 시험했고 거기서 답을 얻었다. 몽테뉴는 철학이란 살아남기 위한 힘이며 고통 앞에서 더욱 실용적으로 사용해야 한다고 말한다. 철학은 말이 아니라 태도이고 껍데기가 아니라 중심이라는 것이다.

"우리가 생각을 비틀지 않는다면 몸이 고통스러워 비틀어진들 무슨 문제인가! 철학은 타인을 위한 것이 아니라 우리 자신을 위한 것이다. 살아가기 위해 배우는 것이지 뭔가 있어 보이기 위해 배우는 게 아니다."

그는 질병을 있는 그대로 받아들였다. 병을 피하려 하기보다 병과 함께 사는 법을 배웠고 그 안에서 오히려 희망과 위안을 찾았다. 그는 고통 앞에서 인간이 얼마나 강한 존재인지 그리고 얼마나 유연해질 수 있는지를 스스로 증명해 낸 사람이었다.

"나는 이 결석과 함께 살아가는 삶 속으로 걸어 들어갔다. 그 안에서 위안을 찾고 희망도 찾는다. 인간이란 자신의 비참한 처지를 그렇게도 아끼는 존재라 아무리 가혹한 조건에서도 살아남기 위한 가능성을 틔우지 않을 수 없다."

몽테뉴에게 병은 인생의 깊이를 더해주는 통로였다. 육체의 고통은 그를 흔들었지만, 그는 그 고통 속에서도 자신의 내면을 지켜냈다. 병은 그에게 삶의 껍질을 벗기고 본질과 마주하게 했다. 그 마주함은 이전과는 전혀 다른 시선으로 일상을 바라보도록 만들었다. 그러다 보니 삶은 더 이상 당연한 것이 아니었다. 오늘은 선물과도 같았다. 이런 그의 통찰은 삶을 더욱 진실하게 껴안게 하는 내면의 힘이 되었다. 질병은 그에게서 많은 것을 빼앗았지만 동시에 삶을 더 단단히 살아가게 하는 중심을 남겨주었다.

질병은 우리가 살아 있음의 조건을 다시 묻게 한다. 그리고 그 물음 끝에서 우리는 깨닫는다. 죽음과 화해하는 일은 결국 삶을 더욱 단단히 껴안기 위한 준비라는 것을 말이다. 몽테뉴는 병을 견디는 태도를 통해 삶의 마지막을 준비했고 그 준비가 오히려 삶을 더 자유롭게 만들어 주었다. 고통은 그를 무너뜨릴 수 없었다. 죽음조차 그를 겁주지 못했다. 몽테뉴는 질병 속에서도 단단한 평온을 길어 올렸다.

**아픔은
삶을 다시 쓰라는 신호다**

질병은 누구에게나 예고 없이 찾아온다. 아픔은 삶의 속도를 멈추게 하고 외면하던 죽음의 그림자를 코앞에 드리운다. 그러나 몽테뉴는 그 순간을 파괴가 아닌 통과의 시간으로 바라보았다. 고통은 삶을 무너뜨리는 것이 아니라, 삶의 겉을 벗기고 가장 깊은 중심으로 데려다주는 통로라고 그는 보았다.

몸이 아플 때 우리는 비로소 삶을 다시 쓰기 시작한다. 그동안 무심히 지나쳤던 것들이 소중하게 다가오고 미뤄왔던 감정들과 대면하게 된다. 고통은 우리를 멈추게 하고 그 멈춤은 우리를 다르게 살게 만든다. 단지 병을 견디는 시간이 아니라 자신을 다시 정돈하고 삶의 방향을 되짚는 시간이 된다.

몽테뉴처럼 아픔 속에서도 철학을 꺼내 들 수 있다면 우리는 고통을 두려움이 아닌 성찰의 기회로 전환할 수 있다. 아프다는 것은 더 이상 예전의 방식으로는 살 수 없다는 몸과 마음의 신호다. 그 신호 앞에서 우리가 할 수 있는 일은 스스로에게 더 정직해지는 일, 그리고 조급하지 않게 삶의 속도를 다시 조율하는 일이다.

병은 우리를 불완전함으로 이끌지만, 그 불완전함 안에서 우리는 삶의 새로운 언어를 배운다. 아픔을 피하지 않고 곁에 둘 때 우리는 비로소 회복을 기다리는 존재가 아니라 회복을 길어 올리는 존재가 된다.

오늘의 사유

몸이 아픈 시간은 삶의 본질을 조용히 되돌아보게 만드는 시간입니다. 그 고요하고 낯선 자리에 멈춰 섰을 때 우리는 비로소 지금의 삶을 더 깊이 들여다볼 수 있습니다. 몽테뉴처럼 아픔 속에서도 스스로를 돌아보며 죽음과 삶을 더 단단히 껴안을 수 있는 당신만의 문장을 적어보시기 바랍니다.

1. 고통의 시간을 지나며, 나는 어떤 삶의 태도를 새롭게 배우게 되었나요?

2. 지금의 삶이 내게 던지는 가장 큰 질문은 무엇이며, 그 질문을 어떻게 마주하고 있나요?

삶의 길이보다
삶의 밀도가 중요하다

 우리는 삶의 길이를 기준으로 행복을 가늠하곤 한다. 100세 시대라는 말에 이끌려 오래 사는 것이 곧 잘 사는 일이라 여긴다. 장수하고 업적을 이루는 것에 삶의 의미가 담겨 있다고 믿는 것이다.

 하지만 의미 있는 인생은 단순한 시간의 총합으로 판단할 수 없다. 하루를 어떻게 살아냈는지, 그 시간에 어떤 마음이 담겨 있었는지가 삶의 무게를 결정한다. 길게 이어진 날들보다 깊이 스며든 순간들이 더 오래 마음에 남는다. 문장이 짧아도 진심이 깃들어 있으면 오래 기억되듯 한 사람의 인생도 충실하게 살아졌다면 그것으로 충분하다.

삶은 숫자가 아니라
살아낸 방식이다

삶을 진심으로 살고자 했던 철학자 몽테뉴는 무엇을 얼마나 오래 했는가보다 어떻게 그 시간을 채웠는가에 더 깊은 관심을 두었다. 그는 매일의 삶을 성실히 들여다보며 충실한 하루가 곧 충만한 인생의 토대가 된다고 보았다.

그의 하루는 눈에 띄는 성취로 가득한 날들이 아니었다. 책을 읽고, 사유를 기록하며, 감정과 생각을 헤아리는 고요한 시간이 대부분이었다. 그러나 그 일상은 무의미하게 흘러가지 않았다. 단순한 경험에도 내면에 눈을 들이댔고 스쳐 지나가는 감정 하나까지도 진지한 성찰의 대상으로 삼았다. 반복되는 날들 속에서도 그날의 나를 놓치지 않으려는 태도는 그의 글과 삶을 동시에 단단하게 빚어냈다.

> "삶의 가치가 시간의 길이에 달려 있는 것은 아니다. 어떻게 살아가느냐가 중요하다. 오래 살았다고 해서 깊이 있는 삶을 산 것은 아니다. 삶이 주어진 동안 그것을 의미 있게 채우는 것은 우리의 선택에 달려 있다."

이 문장은 몽테뉴가 시간과 삶을 바라보는 시선을 잘 보여준다. 그는 인생을 남은 수명이나 숫자로 환산하지 않았다. 중요한 것은 그 시간이 얼마나 많았는가가 아니라 그 시간 속에서 어떤 태도로 살았는가였다.

삶을 충만하게 살아내고 싶다는 그의 고백은 삶을 소비의 대상이 아닌 진정성의 장으로 바라보는 관점을 담고 있다. 그는 주어진 날들을 오래 붙잡으려 하지 않고 그 안을 얼마나 채웠는지를 중심으로 삶을 바라보았다.

"삶을 소유할 시간이 짧아질수록 나는 그 삶을 더 깊고 충만하게 살아내고 싶다."

몽테뉴는 자신의 삶을 외적인 기준이 아닌 내면의 리듬에 따라 정돈하고자 했다. 위대한 성취보다 평범한 일상을 진심으로 살아내는 일이 더 어려우면서도 가치 있다고 여겼다. 남에게 보이는 것을 가치 있다고 여기는 현대인이 흔히 간과하는 것이 있다. 바로 꾸미지 않은 삶, 평범하고 진실한 하루의 힘이다. 그에게 소박하고 정직한 삶은 가장 근본적인 철학적 실천이었다.

"내가 생각하는 가장 아름다운 삶은 평범한 모범에 따

라 이루어지는 자연스러운 삶이다. 기적도, 과장도 없는 그런 삶."

그는 삶을 꾸미지 않았다. 자신의 존재를 미화하지도 않았다. 오히려 단순한 하루 안에서 진실하게 머물 수 있는 태도를 귀하게 여겼다. 일상의 경험을 있는 그대로 받아들이고 그 안에서 삶의 무게와 깊이를 발견해 나갔다.

철학은 그에게 꾸미는 말이 아니었다. 삶과 죽음을 정직하게 마주하는 훈련이자 자신을 이해하고 다듬는 도구였다. 그래서 교육에 있어서도 먼저 가르쳐야 할 것은 지식이 아니라 잘 사는 법이라고 강조했다.

"아이들이 처음 배우는 가르침은 단순한 지식이 아니라, 자신의 행동을 조절하고, 자기 자신을 이해하며, 결국 잘 살고 잘 죽는 법을 터득하는 것이어야 한다."

삶을 대하는 태도에서 출발한 이 사유는 지식보다 자기 이해를 중시하는 그의 삶의 방식과 맞닿아 있다.

몽테뉴의 글에는 특별한 결론이나 체계가 없다. 대신 그날의 생각, 그날의 마음, 그날의 시선이 기록되어 있다. 그 단편들이 모여 한 사람의 삶을 구성한다. 진심으로 채워진 하루는 길지 않아도 충분했고 오랜 설명 없이도 울림을 남겼다. 그는 후두염으로 삶이 다하는 날까지 《에세》를 다듬다가 숨을 거두었다.

그의 철학은 하루를 충실히 살아내는 감각에 가까웠다. 완벽하지 않아도 좋았다. 그저 오늘을 진실하게 살아내는 것 그것이 그의 삶을 깊게 만든 방식이었다.

**충실한 하루가
충만한 인생이 된다**

몽테뉴는 삶을 꾸미지 않았고 자신을 과장하지도 않았다. 단지 하루를 정직하게 살아내는 데 집중했다. 그 절제된 자세는 오늘을 사는 우리에게 조용한 울림을 전해준다.

속도와 효율이 모든 것을 결정하는 시대에 삶의 밀도는 쉽게 희미해진다. 해야 할 일은 넘치지만 마음 둘 자리는 점점 사라진다. 그러나 삶의 방향을 되돌리는 일은 거창한 결심보다 하루를 대하는 태도에서 시작된다.

몽테뉴처럼 단순한 하루 안에서 감정의 흐름을 살피고 마음의 진실을 놓치지 않으려는 태도. 그것이 삶을 충만하게 만든다. 작은 진심이 쌓이면 멋진 인생은 저절로 이루어진다. 그래서 완벽하게 사는 것보다 진심으로 사는 일이 중요하다.

오늘 하루를 제대로 살아냈는지 스스로에게 묻자. 그 하나의 질문만으로도 우리는 삶의 중심을 다시 붙잡을 수 있다. 의미 있는 하루가 쌓일 때 인생은 그 길이와 상관없이 깊어지고 흔들리지 않는다. 삶은 길이가 아니라 밀도로 완성된다.

오늘의 사유

삶은 숫자가 아니라 살아낸 방식입니다. 그러니 하루를 충실히 살아냈다면 그것만으로도 충분한 삶입니다. 완벽하게 살지 않아도 괜찮습니다. 진심이 담긴 하루가 쌓이면 인생은 그 자체로 깊어질 테니까요. 오늘의 당신에게 가장 솔직한 문장으로 써 내려가 보세요. 그 한 줄 한 줄이 쌓여 당신만의 삶을 더욱 충만하게 만들어 줄 것입니다.

1. 오늘 내가 가장 진심을 다한 순간은 언제였나요?

2. 바쁜 일상 속에서 자주 잊고 지나치는 나의 감정은 무엇인가요?

3. 지금 이 순간부터 삶의 밀도를 높이기 위해 지키고 싶은 태도는 무엇인가요?

평생의 공부가 지닌 의미는 죽음이 판단해 준다

우리는 더 나은 삶을 위해 끊임없이 배운다. 책을 읽고, 경험을 쌓고, 스스로를 다듬으며 인생을 완성해 가려 한다. 그러나 우리가 쌓아온 모든 앎과 수고는 언젠가 한순간에 평가받게 된다. 삶의 마지막 순간 그때야말로 그 사람이 어떤 삶을 살았는지가 드러나는 시간이다.

말과 지식은 얼마든지 꾸밀 수 있다. 하지만 죽음을 맞이하는 태도는 결코 속일 수 없다. 삶을 어떻게 살아왔는지는 죽음을 어떻게 마주하는가에 달려 있다. 평생의 공부가 진정한 지혜로 이어졌는지는 끝을 맞이하는 자세에서 가장 정확하게 나타난다.

**배움의 끝에서
삶이 증명된다**

몽테뉴는 평생을 통해 단 하나의 질문에 몰두한 사람이었다. '어떻게 살아야 하는가, 그리고 어떻게 떠나야 하는가.' 그는 세상이 요구하는 성공보다 자신에게 진실한 삶을 더 중요하게 여겼다. 타인의 시선에 흔들리기보다 내면의 목소리에 귀 기울이며 살아가려 했다. 젊은 시절부터 몸이 약했던 그는 삶이 언제든 끝날 수 있다는 자각 속에서 매일을 단단히 살아내고자 했다.

그가 향한 곳은 도시의 중심이 아닌 자신의 탑 서재였다. 그곳에서 그는 공부하고, 사유하고, 글을 쓰며 삶의 마지막까지 자신을 단련했다. 늙고 병든 육체 앞에서도 그는 공부를 멈추지 않았다.

> "공부를 해야 한다면, 지금 내 삶의 조건에 맞는 공부를 하자. 누군가 늙고 약해진 지금 그런 공부를 해서 무엇하냐고 묻는다면, 나는 이렇게 말하고 싶다. 더 나은 모습으로, 내 뜻에 맞게 이 세상을 떠나기 위해서라고."

그에게 공부란 성취의 도구가 아니라 생의 마무리를 위한 준비였다. 살아 있는 동안 자신을 단단히 세워가고 죽음 앞에서 흔들리지 않기 위한 수련이었다.

몽테뉴는 죽음을 삶의 목표로 여기지 않았다. 오히려 죽음은 삶의 마지막이자 자연스러운 귀결일 뿐이며, 삶 그 자체가 목적이 되어야 한다고 말했다. 그러므로 삶을 배우는 일은 곧 자신을 다스리고 절제하며 견디는 법을 익히는 일이다.

> "내 생각에 죽음은 삶의 끝일 뿐, 삶의 목표는 아니다. 삶 자체가 삶의 과녁이자 목적이어야 한다. 삶을 제대로 배운다는 것은 스스로를 다스리고, 견디고, 절제하는 법을 익히는 것이다."

그가 말하는 공부는 위기를 겪을 때 마음을 지탱해 주는 힘, 불행 앞에서 무너지지 않도록 내면을 지켜주는 훈련이었다. 그러나 그는 또한 고백한다. 아무리 많은 공부를 했더라도 그것이 불행을 피할 수 있게 해주지는 않는다고. 오히려 학문은 한계를 드러낸 뒤 우리를 무지의 품으로 인도할 때가 있다고 말이다.

> "학문이 불행에 맞설 힘을 주지 못할 때 오히려 학문이

우리를 무지의 품으로 인도하는 것은 아이러니하게도 무지의 축복이다. 학문은 스스로 고삐를 풀고 우리를 무지의 은혜 속에 맡긴다. 그 속에서만 운명의 거센 타격을 잠시나마 피할 수 있기 때문이다."

진정한 공부는 결국 겸허함으로 귀결된다. 아무리 많이 알아도 끝을 앞두게 되면 우리는 작아질 수밖에 없다. 그래서 그는 오히려 지혜로운 사람은 마지막까지 담담하다고 보았다. 화려한 지식보다 필요한 것은 평온이었다. 죽음을 맞는 자세에서 드러나는 진짜 공부의 결과는 그 사람의 마음이 얼마나 잘 다스려졌는지, 얼마나 본래의 자기답게 살아왔는지로 드러난다. 이러한 태도는 누구에게나 쉬운 일이 아니다.

"인간의 삶에서 가장 주목할 만한 순간인 죽음을 앞두고 누군가가 보이는 침착한 태도를 판단할 때, 한 가지 염두에 두어야 할 점이 있다. 대부분의 사람은 자신에게 죽음이 정말로 닥쳤다는 사실을 쉽게 받아들이지 못한다는 것이다. 마지막 순간이 찾아왔음을 온전히 인식하고 그것을 받아들이며 죽는 이는 드물다."

몽테뉴는 평생을 잘 배우는 법보다 잘 살아내는 법, 그리고 마지막에는 잘 떠나는 법을 실천하려 했다. 그에게 공부는 곧 죽음을 준비하는 가장 내밀한 수련이었다. 그리고 죽음은 그의 삶 전체를 되비추는 거울이 되었다.

우리는 흔히 배움을 결과로 판단하지만 진정한 공부는 삶의 끝에서 드러나는 태도로 증명된다. 어떤 철학을 말했는가보다 그 철학을 어떻게 견디고 살아냈는지가 더 중요하다. 마지막을 마주하는 순간 그 사람이 어떤 공부를 해왔는지가 고스란히 드러난다.

**내 뜻에 맞게
잘 살아냈다고 말하기 위해**

오늘을 살아가는 우리도 몽테뉴와 다르지 않다. 우리는 매일 무언가를 배우고 익히지만, 진짜 중요한 건 그것을 어떻게 살아내고 있는가다. 몽테뉴는 말한다. 공부란 삶을 더 단단히 껴안기 위한 연습이어야 한다고. 지금의 배움이 나를 정직하게 만들고 흔들림 속에서도 중심을 지키게 하며 마지막 순간 앞에서도 담담할 수 있게 해준다면, 우리는 이미 잘 배우고 있는 것이다.

세상이 요구하는 성공보다 중요한 건 내가 진심으로 원하는 방식으로 오늘을 살아가는 일이다. 실수해도 괜찮고, 잠시 멈춰도 괜찮다. 중요한 건 다시 자신을 정돈하고 나답게 살아가려는 마음이다. 몽테뉴처럼 오늘을 마지막인 듯 살아간다면, 우리 역시 삶의 끝에서 이렇게 말할 수 있을 것이다.

"나는 내 뜻에 맞게, 잘 살아냈다."

오늘의 사유

배움은 결국, 내 삶을 정직하게 살아내기 위한 연습입니다. 얼마나 많이 알았는지가 아니라, 어떻게 살아냈는지가 더 중요합니다. 오늘 하루를 나답게, 내 뜻에 맞게 살아냈다면 그 하루는 충분히 의미 있는 시간입니다. 지금 이 순간의 당신을 담은 문장을 써 내려가 보세요. 그 진심이 쌓여 당신의 인생을 증명해 줄 것입니다.

1. 오늘 나는 어떤 태도로 나를 살아냈나요?

2. 오늘 놓치지 않고 지키고 싶었던 삶의 자세는 무엇인가요?

3. '내 뜻에 맞게 살아간다'는 말이 지금의 나에게 어떤 의미를 주고 있나요?

언제든 떠날 수 있도록
오늘을 산다

 삶은 유예할 수 없는 시간의 연속이다. 누구에게나 끝은 정해져 있지만 그 시점을 알 수는 없다. 그래서 더더욱 오늘이 중요하다. 아직 오지 않은 내일을 걱정하며 지금을 흘려보내기보다, 언제 떠나더라도 후회 없도록 오늘을 살아내는 일. 그것이 삶을 가장 충실하게 대하는 태도다. 언젠가 맞이할 이별을 안다는 건, 지금 이 순간을 더 깊이 껴안는 일이다. 그러니 오늘 하루를 온전히 살아가는 사람만이 삶의 마지막까지 자신을 잃지 않는다.

**언제든 떠날 수 있도록
나는 오늘을 산다**

 죽음을 자주 떠올리면 삶이 어두워질 것이라 생각하는 이들이 있다. 하지만 오히려 그 반대다. 죽음을 곁에 두고 살아가는 사람만이 삶을 흐리지 않고 바라볼 수 있다. 언젠가 끝난다는 사실은 하루하루를 낭비하지 않도록 우리를 일깨운다. 오늘이 마지막일 수도 있다는 자각은 사소한 시간조차 의미로 채우게 만든다.

몽테뉴는 삶의 끝을 항상 염두에 두고 살아간 사람이다.

> "언제든 떠날 준비가 되어 있어야 한다. 특히 죽음의 순간이 왔을 때 나 자신 외에는 아무런 미련이 남지 않도록 살아야 한다."

이 말은 단지 죽음을 대비하자는 권고가 아니다. 지금, 여기를 충만히 살라는 실천의 요청이다. 미루지 않고, 유예하지 않으며, 하루를 자신의 것으로 다 채우는 삶. 그것이 그가 남긴 가장 실질적인 철학적 태도였다.

그는 어떤 기대도 무한히 연기하지 않았다.

> "내 계획은 이제 아무리 길어도 1년을 넘기지 않는다. 나는 이제 끝을 준비할 일들만 생각한다. 새로운 희망이나 계획은 모두 접었다. 남기고 떠나야 할 모든 것에 작

별을 고하고 매일 내가 가진 것들과 이별한다."

이처럼 그는 삶의 결산을 미루지 않았다. 삶을 정리하고 욕망의 가지를 쳐내며 매일 자신을 조금씩 떠날 준비를 하는 자세로 살았다. 그에게 내일은 약속된 시간이 아니었기에 오늘 안에 모든 것을 마무리하려 했다. 이런 태도는 체념에서 비롯된 것이 아니라 삶에 대한 깊은 애정에서 나온 것이다. 그는 오래 살고자 욕망하기보다 제대로 살고자 했다. 그래서 그의 하루는 길지 않아도 밀도는 깊었다.

그는 후회를 남기지 않기 위해 자신의 삶을 정직하게 마주했다.

"나는 과거를 후회하지 않고 미래를 두려워하지 않는다. 내가 틀리지 않았다면 내 삶은 겉과 속이 크게 다르지 않았다."

겉과 속이 다르지 않은 삶. 그것이 몽테뉴가 말한 평화로운 삶의 기준이다. 그는 과거를 곱씹으며 아쉬워하지 않았고 다가올 시간을 미리 불안해하지도 않았다. 어제를 후회하느라 오늘을 흘려보내지 않았고 내일을 걱정하느라 지금을 잃지 않았다. 그런 삶의 방식은 그가 죽음을 어떻게 생각했는지와도 밀접하게 닿아 있다.

몽테뉴는 삶과 죽음을 두 개의 사건이 아니라 하나의 흐름으로 바라보았다.

> "우리는 죽음이 어디에서 기다리고 있을지 알 수 없다. 그러므로 언제 어디서든 죽음을 맞을 준비를 해야 한다. 죽음을 깊이 생각하는 것은 곧 자유를 준비하는 일이다."

죽음을 생각한다는 것은 죽는 법을 배우는 것이 아니다. 사는 법을 배우는 일이다. 죽음에 휘둘리지 않기 위해서는 그것을 외면하는 것이 아니라 끌어안는 것이 필요하다. 그는 죽음에 대한 사유를 통해 삶의 주도권을 타인에게서가 아니라 자기 자신에게 되돌려 주려 했다.

삶은 언제 끝날지 모른다. 그러나 끝을 아는 것처럼 오늘을 살아낼 수는 있다. 죽음을 가까이 둔 자만이 삶을 더 투명하게 본다. 오늘을 살기 위해 죽음을 기억하고, 죽음을 준비하며 오늘을 사랑하는 것. 몽테뉴는 우리에게 그렇게 살라고 말하고 있다.

**삶의 마지막에
나는 오늘을 말할 수 있을까**

삶은 끝을 향해 나아가지만, 그 끝이 언제 찾아올지는 알 수 없다. 그래서 더욱 중요한 건 바로 오늘이다. 몽테뉴는 말한다. 마지막 순간에도 담담히 자신을 마주하려면, 오늘 하루를 진심으로 살아내야 한다고. 지금 이 시간을 미루지 않고, 나답게 채우는 것. 그것이야말로 삶을 사랑하는 가장 구체적인 방식이다.

우리는 모두 언젠가 반드시 이별해야 할 존재들이다. 그 사실은 비극이 아니라, 삶을 더욱 깊이 껴안을 이유가 된다. 죽음을 기억한다는 건 두려움이 아니라 충만함을 향한 의지이며 후회 없이 살아가려는 다짐이다.

그러니 스스로에게 물어야 한다. 오늘 하루는 내 삶의 마지막 장면으로 남아도 괜찮은가. 지금 이 말, 이 표정, 이 선택은 내가 남기고 싶은 삶의 모습인가. 삶의 가장 빛나는 순간은 언젠가가 아니라 바로 지금이다.

삶의 끝은 갑작스러운 사건이 아니라 매일의 풍경 속에 이미 깃들어 있다. 오늘 내가 품은 말과 태도가 곧 내 삶의 얼굴이다. 죽음을 응시하며 오늘을 살아낸 몽테뉴처럼, 우리도 말없이 증명해 가는 하루를 조용히 쌓아갈 수 있다.

고요하지만 충실한 오늘이 반복될 때, 삶은 비로소 단단한 중심을 갖는다. 그리고 그 중심 위에서 우리는 마침내 삶을 다 살아냈다고 말할 수 있다.

오늘의 사유

오늘이 마지막일 수도 있다는 사실을 진심으로 받아들이는 순간, 익숙했던 하루도 전혀 다른 빛으로 다가옵니다. 지금 이 순간을 성찰하는 사유의 여백이 삶의 끝을 더 평온하게, 현재를 더 단단하게 만들어 줄 것입니다. 오늘 당신의 언어로 하루를 써 내려가 보세요. 그 문장이 곧 당신 삶의 방향이 되어줄 테니까요.

1. 지금 이 하루는, 마지막이라 해도 괜찮은 하루인가요?

2. 오늘을 진심으로 살아내기 위해 지금 내가 덜어내야 할 것과 더 품고 싶은 것은 무엇인가요?

Montaigne

몽테뉴, 사유의 힘

초판 1쇄 발행 2025년 08월 27일
초판 2쇄 발행 2025년 10월 20일

지은이 임재성
펴낸이 김상현

콘텐츠사업본부장 유재선
출판팀장 전수현 **책임편집** 주혜란 **편집** 심재헌 윤정기 **디자인** 김예리 권성민
마케팅파트 이영섭 남소현 최문실 김선영 배성경
미디어파트 김예은 정선영 정영원 정수아
경영지원 이관행 김준하 안지선 김지우

펴낸곳 (주)필름
등록번호 제2019-000002호 **등록일자** 2019년 01월 08일
주소 서울시 영등포구 영등포로 150, 생각공장 당산 A1409
전화 070-4141-8210 **팩스** 070-7614-8226
이메일 book@feelmgroup.com

필름출판사 '우리의 이야기는 영화다'

우리는 작가의 문체와 색을 온전하게 담아낼 수 있는 방법을 고민하며 책을 펴내고 있습니다.
스쳐가는 일상을 기록하는 당신의 시선 그리고 시선 속 삶의 풍경을 책에 상영하고 싶습니다.

홈페이지 feelmgroup.com **인스타그램** instagram.com/feelmbook

© 임재성, 2025

ISBN 979-11-93262-68-9 (03100)

- 이 책 내용의 일부 또는 전부를 재사용하려면 반드시 필름출판사의 동의를 얻어야 합니다.
- 책값은 뒤표지에 있습니다. 잘못 만들어진 책은 구입처에서 교환해 드립니다.